Unmissable Dunhuang Grottoes

不可错过的敦煌

殷博　著

江苏凤凰美术出版社

图书在版编目（CIP）数据

不可错过的敦煌 / 殷博著. -- 南京 : 江苏凤凰美
术出版社, 2024.5
ISBN 978-7-5741-1737-2

Ⅰ.①不… Ⅱ.①殷… Ⅲ.①敦煌石窟 - 介绍 Ⅳ.
①K879.21

中国国家版本馆CIP数据核字（2024）第050669号

选题策划	毛晓剑
项目统筹	郭　渊
责任编辑	陆鸿雁
编务协助	刘秋文
特邀审读	叶爱国
责任校对	龚　婷
责任监印	生　嫄
责任设计编辑	郭　渊

书　　名	不可错过的敦煌
著　　者	殷博
出版发行	江苏凤凰美术出版社（南京市湖南路1号　邮编：210009）
制　　版	南京新华丰制版有限公司
印　　刷	南京爱德印刷有限公司
开　　本	787mm×1092mm　1/32
印　　张	9.875
版　　次	2024年5月第1版　2024年5月第1次印刷
标准书号	ISBN 978-7-5741-1737-2
定　　价	98.00元

营销部电话　025-68155675　营销部地址　南京市湖南路1号
江苏凤凰美术出版社图书凡印装错误可向承印厂调换

目录

莫高窟咏

雪岭干青汉，云楼架碧空。重开千佛刹，旁出四天宫。

瑞鸟含珠影，灵花吐蕙丛。洗心游胜境，从此去尘蒙。

——敦煌文献 P.3929

嶙峋不毛、人迹罕至的戈壁和沙漠，铺成无尽遥远的道路在脚下延伸。

这条行迹漫漫、风卷流沙的丝绸之路，四方荒芜，但它连接了西域和中原，牵动了人类的文明史。

南山上的冰雪在远处凝望，绝境的茫茫沙海，飞起燥热尘烟。阳关外的风在无垠戈壁上呼唤着西行的人，退去的历史在茫茫风尘中垂下眼眸，唯有辉煌往昔在长河落日的见证

图 1　莫高窟全景

下拨开流沙。

千顷荒坡，万顷石滩，茫茫的沙之路上，有一片神奇绿洲——敦煌。

绿洲深处绘制着举世无双的千年画卷——莫高窟（图1）[①]。

天气晴朗，耀眼炽热的阳光照着大地。土黄色和灰白色交织在一起，连成一片，伸向地平线，和湛蓝的天空相接，和连绵的沙山相连。黄色的是细沙，可以绵软地从指缝间流下去。灰白色的是戈壁滩，铺满细碎尖利的石子，太阳照在上面，万点光亮闪耀。

长了绿叶和尖刺的骆驼刺，裹着酒红色外皮的红柳，抱着团，排成行，一丛丛的，在这里肆意生长。

从笔直公路的远方望向遥远的天际线，可以看见祁连山的支脉当金山和山顶的皑皑白雪。

只有沙子和岩石的世界，渐渐露出仅有一点的绿洲容颜。灰色公路前方的绿点越来越大，高大笔直的白杨树终于从眼前划过。那是什么？干涸古河道的右岸崖壁上出现了大小不一、鳞次栉比、好似蜂窝状的小山洞群。它们是

----

① 除石窟内图片、榆林窟外景与特别注明外，本书中其余图片均由敦煌研究院樊雪崧拍摄，在此感谢，后文不再另作说明。

图2 莫高窟北区外景

古代修行者和石窟建造工匠留下的僧房窟、禅窟、瘗窟、仓廪窟……（图2）

莫高窟到了。

这里，云卷沙舞，窟前写着"石室宝藏"的牌坊上传来风中的铃铎声，相伴千载明月的九层楼中，弥勒大佛俯瞰苍生。肃穆的佛影旁是飘逸的飞天，慈悲的菩萨旁有曼妙身姿的伎乐天，古老的经卷曾伴着晨钟暮鼓被展开诵读，营造石窟的工匠把悲欢和汗水凝聚在宕泉河畔，礼拜佛陀的施主们怀着虔诚滚烫的心，把对生活的美好祈愿留在佛坛前……

无数风雨洗礼之后，在人迹罕至的戈壁滩上，在自由宁静的沙漠中，千年间斗转星移，落入凡间的菩提遗珠——敦煌莫高窟，正重新发出耀眼的光芒。

莫高窟不是孤独的存在，它和西千佛洞、瓜州榆林窟、东千佛洞、水峡口下洞子石窟、肃北五个庙石窟和一个庙石窟，以及玉门昌马石窟一起，组成了世人所知的敦煌石窟。它们散布在敦煌周边的峭壁与峡谷中，如溪流汇入江河，似春花开满山坡，共同构筑了一个佛影绰约的不同文明与艺术汇合激涌的文化大河。

敦煌石窟，这神圣的存在，你有怎样的故事令众生不可错过？

沙漠中的美术馆

瑭彦不揆荒无聊申长行五言口号（一首）

宝阁下云崖，灵龛万户开。涧深流水急，林迥叶风催。

香露凝空下，祥花雪际来。诸公燃圣烛，荐福益三台。

——敦煌文献 S.4654（唐）氾瑭彦

敦煌莫高窟，俗称千佛洞，是敦煌石窟群体中的代表窟群。两晋时这里曾被称为"仙岩寺"，十六国前秦时正式名为"莫高窟"。

"莫高窟"名称的由来没有确切记载。在隋代开凿的第423窟西壁龛下原有墨书《莫高窟记》，可惜现在仅残存5行，而且已残损至不能句读，但首行"莫高窟记"4字，仍隐约可见。《广雅》卷五《释言》云："莫，漠也。"可见"莫""漠"二字相通，在古代"莫"字有时写作"漠"字。莫高窟的海拔比敦煌城高150余米，因此在唐代又称为"莫高山"，直至今天，敦煌本地人仍然称此地为"山上"。据此推测，"莫高"的含义可能就是"沙漠高处"。此外，"莫高"一词从佛教的概念上也可能有表示佛法至高无上的意思。唐代以后，敦煌有所谓"莫高乡""莫高里"，当因莫高窟而命名。

莫高窟始建于公元366年，是中国现存规模最大的石窟群。从公元4世纪到公元14世纪近1000年的不停开凿营建中，中国古代多民族文化及欧亚文化汇集和交融，形成了人类文明的结晶，成为具有丰富性、多元性、世界性的沙漠美术馆，以及世界中古时代的百科全书。

莫高窟窟群南北长1680米，鳞次栉比地分布于15~30米高的断崖上，上下1~4层不等。这里保存了历经千年陆续营建的佛教洞窟735个，其中包括壁画约4.5万平方米、彩塑 2415 身，唐宋木构建筑 5 座，还有藏经洞发现的文物约5 万件，民国初重修的莫高窟标志性建筑九层楼，以及不同时期的莲花柱石和舍利塔 20 余座，铺地花砖 2 万多块。跨越了十六国、北魏、西魏、北周、隋、唐、五代、宋、西夏、元等 10 个朝代。莫高窟漫长的历史、广泛的文化交流、高水准的艺术价值使其别具特色，而它的有序传承和较好的保存现状更是世所罕见。

1961 年，莫高窟被国务院公布为第一批全国重点文物保护单位。1987 年，莫高窟因为符合世界文化遗产六项评定标准，被联合国教科文组织列入《世界文化遗产名录》。

从敦煌市出发，一路驰骋，穿过城市，越过戈壁，距离市郊西南约 35 千米的断崖上，有另一处石窟——西千佛洞。窟前党河潺潺流过，形成一处幽静的峡谷。谷内绿树成荫，与崖壁上的石窟守望彼此。

西千佛洞窟区东起南湖店，西至今党河水库。石窟始建年代不详，现存的 19 座洞窟中，北朝窟有 5 座，历经隋、唐、五代、回鹘、西夏、元代。现存彩塑 34 身，壁画 800 余平方米。

源于祁连山西段北麓野马山的踏实河，一路欢腾流入瓜州县西南的一段峡谷中。山谷的东、西两岸是成垂直状态的陡峭崖面，两侧崖壁上均开凿石窟。因河两岸榆树成林，故名榆林窟，也称榆林寺、万佛峡。

榆林窟创建于公元7世纪，即唐代初期，历经唐、五代、宋、回鹘、西夏、元、清各代。现存洞窟42座，包括东崖上层20窟，下层11窟；西崖11窟。现存彩塑200余身，壁画约5200平方米（图3）。

今日的敦煌莫高窟是著名的世界文化遗产，是世界上现存连续营造时间最长、规模最大、内容最丰富的石窟艺术遗址。然而，它却在正史中未予记录，几乎是全然沉默的历史存在。如果没有藏经洞文献的意外保存和其余的近代发现，敦煌石窟的历史仍难以追寻。地域上的偏远、历史影响上的阙如使敦煌石窟具有一种民间属性，这与中原地区的云冈、龙门、响堂山等皇家营建的石窟判然有别。敦煌石窟，尤其是莫高窟，能够几乎完整地保存至今，不能不说是历史的奇迹。

广义来看，敦煌佛教艺术是指产生、发展和积存在敦煌地区主要以佛教为主题的艺术。它是一个多门类的艺术综合体，囊括了建筑、壁画、彩塑、绢画、纸画、麻布画、版画、书法、乐舞、染织和刺绣等方面。但其艺术主体，是现存的敦煌石窟群。

敦煌石窟是建筑、雕塑、壁画三者结合的宗教艺术空间。

图 3　榆林窟外景

011

莫高窟一般都有前室和后室（主室），主佛龛坐西朝东。前室一般没有东壁，是敞开的状态，古时也称窟敞（古人多写作"厂"）。窟敞处修造窟门，与窟门上部崖面建造的窟檐连接。窟檐是洞窟前依岩建造的洞窟木构外檐。根据现存洞窟外岩壁上遗留的梁椽孔洞遗迹判断，莫高窟约有300个洞窟曾经建造过窟檐。窟檐如今多已无存，现存的5座窟檐中，第196窟窟门外保存有晚唐建造的部分结构，其余均为宋代遗存。

石窟作为特殊的建筑艺术，洞窟形制的结构决定了一座洞窟的主要气质。一般而言，洞窟形制主要指洞窟主室部分的建筑形制。敦煌石窟各类洞窟的形制，是根据不同时期的宗教仪轨、世俗信仰的要求、民族审美观，并结合当地岩石质地因时、因地制宜发展演变而来。各个时期在主要盛行某种基本形制的同时，又有其他一些不同的样式。大略来说，敦煌石窟的形制主要有禅窟（也称僧房窟）、中心塔柱窟、覆（倒）斗顶形窟、殿堂窟、涅槃窟、大佛窟、影窟（为纪念高僧而建，类似今天的纪念堂）、瘗窟（用来安葬僧人的尸骨，多在北区）等。

其中，中心塔柱窟主要集中在隋代以前。覆斗顶形窟最为多见，各时代均有，是敦煌石窟的主要形制，集中出现在隋唐时期。殿堂窟可以分为中心佛坛式殿堂窟、背屏式中心讲坛殿堂窟等，是五代至宋时期的代表窟形。

在营建洞窟时，工匠还借鉴和融合了许多中国传统木构建筑的形式和特点，例如，窟中的人字披顶、平棋顶、斗拱构件、椽子、阙形龛等，以及洞窟门外的窟檐，无不彰显出诞生于印度的佛教石窟艺术进入中国便与华夏文明开始相融合的特点。佛教艺术的中国化是缓慢而悠长的，在点滴间渗透于梵土而来的异域文化与艺术中，在交流间淬炼出新的中国艺术精神，从而诞生出富有特色的中国佛教艺术。这也是敦煌石窟绵延千年而不衰的重要原因。

塑像是敦煌石窟的艺术主体，佛教尊像以彩塑的形式被置于佛龛或佛坛的显著位置，与周围的壁画内容相连，形成一个完整、和谐的礼拜空间。塑像除莫高窟南大像、北大像及榆林窟第6窟大像为石胎泥塑外，其余多为木骨泥塑，即木架结构在内，外部敷泥上彩。敦煌石窟保存的古代彩塑之多、历时之长、技艺之精，在中国和世界上都是罕见的。

壁画是敦煌石窟的重要组成部分，是在石窟甬道、四壁、窟顶所绘的佛画。敦煌壁画系统地反映了4~14世纪佛教绘画的发展演变历程，这是莫高窟有别于全国其他石窟的最大特点。按照壁画的主题内容，人们可将其分为尊像画、本缘

敦煌圣境

故事画、中国传统神话题材、佛教史迹画、经变画、密教曼荼罗、供养人画像、装饰图案画等。壁画题材多取自佛经故事，也有描绘古时的民俗、耕织、狩猎、婚丧、节日等多元文化内容。因为壁画内容丰富，包罗万象，所以敦煌石窟也被称为"墙上的博物馆"。从艺术方面来看，敦煌壁画包括了人物画、山水画、建筑画、装饰画等题材。我国唐代及以前的绘画作品，传世于纸、绢上的原作几乎没有，中原地区的寺观和石窟寺壁画也保存较少，因此，存量庞大的敦煌壁画是目前研究早期中国绘画史的重要依据。

　　敦煌艺术是人类审美历程在东方最集中、最丰富的形象记录。令人惊讶的是：这样博大、精妙的艺术遗产竟然几乎没有留下明确的作者信息。历代的供养人、功德主、僧侣是它的筹划者，更多的无名工匠则是它的创造者。辉煌的敦煌石窟是普通民众的集体智慧与精湛技艺的结晶，寄托着我们的祖先真挚又朴素的虔诚之思、信仰之力。当我们走近它，就步入了一个古代艺术与人文精神汇聚的神奇之所、神圣之境。

绿洲传奇

> 敦煌雪山为城,青海为池,鸣沙为环,党河为带;前阳关而后玉门,控伊西而制漠北,全陕之咽喉,极边之锁钥。
>
> ——(明)《肃州新志·沙州卫志》

敦煌,这座河西走廊最西端的小城,在古代时统辖地域范围更大。它地接甘肃、青海、新疆、内蒙古,东有三危山,南有鸣沙山,西面有沙漠与罗布泊相连,北面是戈壁与天山余脉相接。

敦煌位居亚洲内陆,属大陆性气候,干燥少雨,这里的年蒸发量远大于降水量,但神奇的大自然用另一种方式为此地馈赠了水源。祁连山位于河西走廊之南,又称为南山。山脉自西北至东南走向,海拔4000多米,山上终年积雪。大部分北坡的冰川在春夏时节消融,流出山的雪水,不仅灌溉了山前的土地,还汇成石羊河、黑河、疏勒河三大水系,肥沃的绿洲应运而生。

祁连山下勃勃生机的绿洲连成一线,阻挡了沙漠戈壁带来的风沙,抵御了巍峨大山带来的恐惧,形成了一条形似走廊的生命线。这条走廊连通了古代中原与西域。

敦煌，是西域进入中原的第一站，也是古人"西出阳关无故人"的最后离别之所。

敦煌作为地名始见于《史记·大宛列传》，有研究认为它是汉武帝时居住在当地的少数民族为本地区所取名字的音译。

汉元狩二年（公元前 121 年），汉武帝派霍去病率大军击败河西匈奴，河西走廊归入中原王朝版图。不久，汉廷在河西置敦煌郡，与酒泉、张掖、武威并称河西四郡。为防御匈奴侵扰，又在敦煌郡北部修筑了长城，西部建玉门关和阳关，出关可通西域，史称"列四郡，据两关"。至此，敦煌成为中原通西域的门户和边防军事重镇。

东起长安，西至欧洲黑海、地中海沿岸的丝绸之路，是东西方贸易与文化交流的动脉。分布在丝路上的各国、各民族的文化，借由丝路传递而交互影响。"华戎交会"的敦煌作为古代丝绸之路上的重镇，又是雄踞中西交通的咽喉之地。这里的市集上，有来自中亚、波斯、东罗马、印度的胡商、阿拉伯人，以及中原的汉人，他们交易丝绸、茶叶、瓷器、宝石、香料、粮食……车马如龙，胡汉交融。

经过 200 多年的经营，从中原迁来的大族在敦煌逐渐站稳了脚跟。由于敦煌远离中原，地处一隅，"时天下扰乱，唯河西独安"，这里常能避开中原战火，维持安定的局面。

中原遇到战乱，总有大量人口逃难至此，其中不乏许多豪门望族、各界精英。长期安定的生活环境，促使河西地区发展出较为繁荣的文化。汉晋时期，敦煌逐渐成为北方的重镇之一。

中原文化在敦煌扎根成长的同时，源于印度的佛教文化也通过丝绸之路传向中原，作为门户的敦煌，自然是最先接触到。敦煌文献 S.4359 中有诗曰：

莫欺沙州是小处，若论佛法出彼所。

西晋时期，敦煌就出现了中国佛教史上著名的译经大师竺法护。他的弟子又在敦煌建立寺院，广收门徒，宣讲佛法，加深了佛教对民众的影响。

十六国时期，中原地区佛教发展迅速。西行求法、东来传教的僧人不断往来于敦煌，促进了敦煌佛教的发展。至北凉时，这里已是"道俗交得，多有塔寺"。西域各国和中国的佛学高僧无论东进还是西去，都在敦煌留下了他们的足迹；各地的佛门弟子也竞相来此地研习正法。当时的敦煌，已是凉州佛教信仰的要冲之地。

佛教发展后，僧侣们要进行日常修行、说法，以及各种其他形式的佛教活动，针对不同的需要，就产生了相应的寺院和石窟等信仰空间。

图 4　印度阿旃陀石窟外景

　　寺院多建造于城市中，便于传播佛教教义。而僧侣们的个人修行，却需要一个更为安静的环境。所以他们常常会选择距离城市不远的幽僻山林开凿石窟，一则便于修行，二则可以维持基本的生活供给，民众去参拜时也不至于太辛苦。

　　源于印度的石窟寺（图 4），与佛教一起东传经阿富汗、中国新疆至敦煌。莫高窟位于敦煌城东南 25 千米处，营建在鸣沙山东麓的断崖上，前临宕泉河，东面三危山。

　　从莫高窟远眺三危山，其颇有粗犷雄健的气势。此山是剥蚀残山，山上无草木，褐红色的岩石中含有石英、云母等矿物质，当夕阳反射时，灿烂若金光。三危山顶曾出土北凉石塔，可知此山很早已成为神圣之所（图5）。有研究表明，主峰上屹立的王母宫可能在汉晋时就已经修建，神山信仰由来已久。敦煌文献 P.2748《三危山咏》云：

> 三危镇群望，岫崿凌穹苍。万古不毛发，四时含雪霜。
>
> 岩连九陇嵌，地窜三苗乡。风雨暗溪谷，令人心自伤。

从敦煌市区向莫高窟进发，出城后不久就是戈壁滩和沙山。从三危山深处涌出的宕泉河，在荒漠中孕育出了一个小绿洲。这里草木和野果繁茂，溪流潺潺，景色宜人，可置田亩，且与城市的距离适中，此地正是一个适合安静修行的理想地方。

远处的佛光

前秦建元二年（366）的一天，傍晚的微风吹过乐僔禅师手中的拂尘，他回头看看远处西沉的落日，记不清已在茫茫戈壁中走了多少时日。

多数时候，明晃晃的日头陪着他，忽而有漫天黄沙像一座移动的山逼近眼前……下一站停在哪里总是未知数。

乐僔身着缁衣芒鞋，手持锡杖、拂尘，背着经箧，经箧

019

敦煌圣境

图 5　三危山南天门中秋夜景

中清晰可见一卷卷经书。在他的头部上方，从经箧上部垂吊下一盏小灯，漫漫求索路上，唯有此灯影伴孤身。

广大的天地间，除了偶然吹过耳边的风声，再也听不到别的。乐僔驻足在这片沙海中，环视四周。脚下表层的沙粒，在风拂过时打着旋儿地互相追逐。骆驼刺和其他沙生植物，散落在无边的沙山上。对面不远处是深褐色的三危山，寸草不生。巍峨的山，静静地矗立着，与乐僔凝视着彼此。

奔波了一天，疲惫的乐僔又饿又渴，决定今夜在这里休憩。他放下经箧，盘腿坐在宕泉河旁温暖的沙滩上，看着眼前清澈的流水，思忖着从哪里靠近溪流汲水。

金色的余晖斜照在宁静的三危山上，蒙眬中他无意间抬头，忽然神奇的景象出现了——

对面的三危山上金光万道，耀眼的光芒向四周散去，形成了一圈一圈金色的光环。

金光明暗交替地闪烁时，似乎能看见佛陀端坐其中，显出真容。金光忽地一晃，好像又看到无数菩萨站在山间。又一闪，仿佛是飞天扬着飘带在散花，乐伎在花雨间奏乐、舞蹈，妙音鸟扇着五彩的翅膀昂头歌唱。

闪烁的光芒中分明是万身佛陀颔首在对乐僔说法……多年虔诚的持戒修行，追寻探索的真理就在四周的沙海中回荡。

正是这里！就在当下！

乐僔身心愉悦、疲惫尽消，他认定，这就是心中向往的圣土，这就是佛陀对他的暗示。他在河畔安顿下来，开始四处化缘。终于，他请来工匠，在鸣沙山东麓断岩上开凿了一个可以修行的洞窟（图6）。

不知道过了多久，又有一位名为法良的僧人从东届此。或许是傍晚的夕阳再度映红三危山崖，他也看到了忽现的佛光神迹，仿佛感知到了神圣的启示。或许是乐僔开凿洞窟修行的举动启发了他，于是，在乐僔营建的洞窟旁，法良开凿了第二座石窟。

名师垂范，影从云集。此后的莫高窟，在官方和当地望族的支持下，开窟造像，蔚然成风。二位法师绝不曾想到，灵光一现的黄昏，一闪而起的念头，成就了一处延续千年的佛教圣地，留下了一座绝世无双、震惊世人的艺术殿堂。

时光流逝，安静的沙漠和粗犷的三危山在这里见证了莫高窟的修造，却无法向人们诉说。今天，关于莫高窟的始建，不仅在正史中不见记载，就连敦煌文献中的记载也并不多。

莫高窟第332窟前室南侧，原有武周圣历元年（698）建窟时立的李君修慈悲佛龛碑。碑文云：

图 6 雪中乐僔堂

莫高窟者，厥初秦建元二年，有沙门乐僔，戒行清虚，执心恬静。尝杖锡林野，行至此山，忽见金光，状有千佛，遂架空凿岩，造窟一龛。次有法良禅师，从东届此，又于僔师窟侧，更即营造。伽蓝之起，滥觞于二僧。复有刺史建平公、东阳王等，各修一大窟。而后合州黎庶，造作相仍。实神秀之幽岩，灵奇之净域也。

敦煌文献 P.3720 以及莫高窟第 156 窟前室北壁左上方，还有一篇著名的《莫高窟记》，全文曰：

右在州东南二十五里三危山上。秦建元中，有沙门乐僔仗（杖）锡西游至此，巡礼其山，见金光如千佛之状，遂架空镌岩，大造龛像。次有法良禅师东来，多诸神异，复于传师龛侧又造一龛，伽蓝之建，肇于二僧。晋司空索靖题壁，号仙岩寺。自兹以后，镌造不绝，可有五百余龛。又至延载二年，禅师灵隐共居士阴祖等造北大像，高一百四十尺。又开元年中，僧处谚与乡人马思忠等造南大像，高一百二十尺。开皇中，僧善喜造讲堂。从初□窟至大历三年戊申（768），即四百有四年。又至今大唐庚午（850），即四百九十六年。

时咸通六年（865）正月十五日记

图 7　从宕泉河西岸望向夕阳下的三危山

通过这些零散记载，我们得以了解始建莫高窟的简单情况。时至今日，乐僔和法良开凿的洞窟，究竟是哪两座已无从知晓。而当年他们看到的三危金光，是因为太阳光的照射，山石中的矿物质发出了五彩光芒。运气好的话，今天在三危山边仍能看到相似的奇景。"金光如千佛之状"则可能是三危山自然奇景引发的幻觉（图7）。

通过现存历史资料与佛教遗址的分析，我们或可推测乐僔所开洞窟，很可能是空间狭小、墙面空无一物的简单禅窟。他与法良开窟的时间虽有先后，但从现存文献将二人并称为最早开窟的先贤来看，应该是基本同时期，而法良略晚。

敦煌圣境

图 8　成城湾花塔遗址　莫高窟周边

图 9　和尚沟古寺院遗址　莫高窟周边

不可遗忘的是：早在乐僔与法良行至宕泉河畔前，西行古道早已是一条文化交流之路。三国高僧朱士行、西晋高僧法显都曾穿过漫长的河西走廊，经敦煌进入西域和印度。

不可遗忘的是：敦煌莫高窟及其周围，自古就充满灵性（图8、图9）。这里是竺法护"微吟穷谷，枯泉漱水""濯足流沙，领拔玄致"之地，是法乘"立寺延学，忘身为道"之所，是索靖"题壁仙岩寺"之处。

更不可错过的是：乐僔在这里的惊鸿一瞥，仰望出一个光明的佛国之境，启发后来人停下匆匆步履，感受有限生命中的希望与奇迹，追寻平凡生活中的至纯快乐。

营造者何人？

乐僔、法良之后，莫高窟的营造工程"自兹以后，镌造不绝"。李君修慈悲佛龛碑上记载，到武周时已有"窟室一千余龛"。那么，追寻两位禅师的足迹，来这里营造石窟的又是哪些人呢？

供养人

敦煌石窟的营造者通常被称为供养人，指出钱出力、发愿开窟造像的佛教信仰者，包括当时社会上的各阶层人物。供养人可大致分为三类：洞窟的功德主；为建窟出钱出力的施主；石窟营造的具体操作者、工匠。而工匠又按照实际需要分为石匠（打窟人）、泥匠、塑匠、画匠、木匠等。

敦煌石窟保存了大量的供养人画像与题记，向我们展示了一铺尘封于历史长河下的人物画卷。

供养人画像旁通常都题有供养者的姓名和职别，反映出千余年间敦煌地方佛教信徒中的不同阶级、阶层和身份。造窟题记中还包括发愿文、功德记、榜书、杂文等，一般为功德主造像绘壁的记述。这些供养人画像和题记是当时造窟功德主的真实写照，是石窟造像题材中最具历史真实性的内容之一，也是研究当地历史、文化、艺术、服饰等方面的形象历史资料，具有重要的学术价值（图 10）。

供养人画像一般可以分为三种类型。第一种是集资造窟的供养人画像，出资者每人一像，画像的旁边有题名，有的洞窟多达数十人，甚至上千人，例如莫高窟第 428 窟的供养人画像多达 1200 余身。这类集资者，大多数是下层官吏、僧尼佛徒、乡里百姓、画工塑匠以及侍从奴婢等。

第二种是结社合资造窟的供养人画像，出资者为"邑社"社人，这是一种带有互助性质的民间组织。社人成分较

图 10 供养人 莫高窟第 275 窟北壁 北凉

复杂，既有下层僧俗官员、城乡士绅，也有普通百姓、下层
劳动者，所营造的洞窟称为"社窟"。出资的社人也是每人
一像，画像旁有题名。结社合资可以营造一整座洞窟，如莫
高窟第 216 窟就是"邑社"社人集资建造；也可以合资请人
绘塑单独的壁画或塑像，如莫高窟第 205 窟西壁弥勒经变画，
就是中唐王铁山等 23 位社人合资绘制的。结合藏经洞文献
可以知道，以"社"集资造窟在中晚唐、五代、宋代时较为
流行。

　　第三种是一人或一家出资独建洞窟，这类洞窟的供养人，

敦煌圣境

图 11　乐队　莫高窟第 220 窟北壁东侧　初唐

将全家和与家族相关的人，如姻亲、僚属等都绘入窟中。这些洞窟世代由同一家族开凿、维护。例如：初唐贞观年间的第220窟，被称作"翟家窟"（图11）；盛唐早期的第217窟，被称作阴家窟；盛唐大历年间的第148窟，被称作李家窟；等等。从窟中供养人像旁都是同一姓氏题记可以知道，这是在宗族中传承和不断营造修饰的家庙。其中，主要供养人像较大，有的与真人等身，甚至高于真人，并在画像旁书写题名。家族晚辈和侍从的画像一般都小于窟主，他们捧着供品、食妆、香花等，跟在高大的主人画像后侧，通常没有题名。

家族窟中的供养人像，多数是盛唐以后敦煌地区吐蕃、回鹘、党项、蒙古等族的王公贵族，或者是汉族藩镇地方的节度使、刺史、高级官员和地方豪族富绅。他们的题名中都记载了各自的官爵或头衔，以表明自己显赫的地位。例如，盛唐第130窟中的都督乐庭瓌及其夫人王氏；晚唐第156窟河西节度使张议潮及其夫人宋氏；五代第98窟于阗国王李圣天及其夫人曹氏（图12）；五代第61窟曹氏三代家主及其眷属以及曹氏与敦煌世家大族、甘州回鹘、于阗回鹘姻亲的画像等。莫高窟在隋唐以后的供养人画像及其题名的功能，已经逐渐由早期的礼佛供养记录转变为宣扬家族功德。

莫高窟第98窟的李圣天供养像高2.82米，旁有墨书"大

图 12　于阗（今新疆和田地区）国王李圣天供养像　莫高窟第98 窟东壁南侧　五代

朝大宝于阗国大圣大明天子"等字样。李圣天像曾被重绘，现在还能隐约看到底层沥粉堆金技法的使用。

供养人中还有僧尼团体。僧尼们通常是洞窟营建的"信仰导师"和"学术顾问"。在洞窟营建伊始，他们就会结合当时流行的经典和供养人的信仰倾向，参与策划洞窟的主题、内容、布局等。洞窟建造完成后，有时还会代为管理，或在指定的时日根据供养人的要求做法会等佛事活动，甚至有的洞窟在营建好后，就会供养给某个寺院或僧团。所以，在佛教石窟寺中，供养人像列以僧人为前导是普遍现象。

僧尼中有的出生于豪门望族，或与当地达官贵人有姻戚关系。如据莫高窟第156窟龛下题名可知，河西节度使张议潮的侄女出家为尼，参与供养此窟；莫高窟第53窟、第61窟和第55窟中出现同一供养人题名，表明敦煌统治者拓西大王曹议金妻子的姊妹以出家人身份参与供养开窟。这也是古代贵族妇女活跃于佛教活动中的表现。

还有些途经敦煌的信众，随机布施供养，留下了自己的供养题名，如第166窟东壁北侧有"行客王奉仙"供养而绘制的小幅佛像。

总的来说，供养人中有世代生活在中原、河西的各色人物，也有来自西域、中亚等其他地区，在敦煌安家落户的移民，他们当中，以本地汉人为主，也有胡人、粟特人、吐蕃人、回鹘人、党项人等。

莫高窟壁画多有重层现象，现在看到的很多供养人像是后代重画的。加之洞窟壁面有限、壁画残损明显，我们还要结合更多敦煌文献来了解供养人的信息。

工匠

工匠作为石窟营造的实际操作者，也会以自己的名义绘塑佛像，成为供养人。但大部分的工匠会以抵扣工钱或不要工钱等方式做功德，在洞窟中并未留下自己的具体信息。他们当中有世居敦煌的工匠世家，也有很多来自外地、外域拥有精湛技艺的手艺人。这些往来于各地的工匠，为敦煌石窟艺术带来了风格不一的图样和绘制技法，使敦煌艺术焕发出结合本土风格和异域风尚的独特魅力。

依据不同行业的分工，工匠之中有专门从事辟岩凿窟的"良工"和绘画塑像的"巧匠"。

从文献记载来看，"良工"中的打窟人似乎还不能算从事文化艺术活动的匠人。但是从洞窟营建的整体工作来看，作为崖壁上凿岩镌窟的人，打窟人的技术水平，直接影响之后的营建工程，他们是开窟造像队伍中重要的成员。

此外，还有从事石窟开凿、建筑石料加工、石质工具制造和修理的石匠，从事土木建筑及木质器具制造、加工、修理的木匠，从事土木建筑的泥匠，甚至还有纸匠、铁匠等都曾参与敦煌石窟艺术的创造。现在常被提及的民间艺术家塑匠和画匠，分别是从事泥塑赋彩和绘画的工匠。

敦煌工匠史料显示，9、10世纪时敦煌各个行业的工匠，按技术又可分为都料、博士、师、匠、生等级别。

都料，也称都匠、都师，是具备高级技术的师傅，也是本行业工程的规划、指挥者，更经常亲自参与施工造作。都料级工匠并不是每个行业都有，一般为工程量大、规模大、技术要求高的作业，或艺术行业才有；没有设计或规划的简单手工劳动不设都料。

博士，是具备过硬的专业技术的工匠。他们不仅从事高难度技术劳动，并且可以独立完成所承担的每一项工程的施工任务，在各行各业都有。在古代敦煌，很早就以"博士"一词称呼一般匠工，后来出现了将"博士"与工匠分别记录的情况，表明了博士是区别于一般工匠的高级工匠。

师，也称先生，主要从事画、塑行业。从技术上讲，称为"师"或"先生"者至少应是博士级；或者说，博士级画、塑工匠能够教带徒工的人，就可以称为"师"或"先生"。

匠，是能独立从事一般技术性的劳动者，在工匠队伍中占多数。匠和博士这两级工匠，是敦煌工匠队伍中的基本力量。

工匠的最低一级，是作为学徒的"生"。这一级别的工匠能在匠师们的带领下从事绘塑劳动，也能独立从事绘塑工作。从一些洞窟壁画中各部位不同内容的艺术水平，以及从一些壁画褪色后隐约可见的色标符号上来看，一座洞窟的壁画制作多为团队集体创作或师徒几人合作完成。

在莫高窟 6 世纪的北周到 10 世纪的宋代壁画中，也保存了一部分工匠活动的图像资料，生动地展现了当时工匠们从事专业技术劳作的形象。例如，北周第 296 窟窟顶有一铺修建佛塔与绘制壁画的作品。画面中，上身赤裸的泥匠和木匠在都料匠的指挥下修建佛塔，而衣履整洁的画匠一手拿调色碗，一手举笔绘壁（图 13）。

还有隋代初年营建的第 302 窟窟顶有山中伐木建塔图，唐代初年营造的第 323 窟南壁有建房图，五代第 454 窟西壁有木工缔构精舍图，宋代初年重修的第 454 窟甬道顶有木工建房流程图等，不一而足。这些来源于工匠们自己工作生活的题材，不像佛画一样有流传的粉本作为摹写依据，而是画匠凭借自己的观察和生活经验提炼创作而成，足以反映出这些民间艺术家的精湛技艺。

此外，还有大量随从或协助工匠的劳作者，在敦煌文献

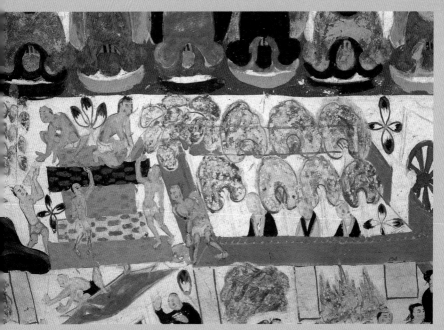

图 13　福田经变之兴立佛国和植园施凉　莫高窟第 296 窟窟顶北披东段　北周

中称为"人夫"。虽然人夫与工匠不属于同一阶层，所从事劳动的性质也不相同，但他们也是营建敦煌石窟的万千劳动者之一。

敦煌壁画中偶尔会出现工匠的供养像及题名，如莫高窟第 290 窟的郑洛生，第 303 窟的"画师平咄子"，第 444 窟的氾定全，第 185 窟的宋承嗣，敦煌绢画 EO.2279 中"木匠王醜奴"的供养像等。但这些只是寥寥十数人的姓名，除此之外，有关他们生活和艺术实践的记载相当少。藏经洞所出文献中，曾有一段对五代时期敦煌画师董保德的简单记述，但并没有提及他的作品在何窟，具体是哪一幅。

翻开画史，顾恺之、展子虔、吴道子、李思训、赵孟頫……这诸多的名家在名城都会、大寺豪门明亮的墙壁上、案几的素绢上，泼墨挥洒，名留千载。而这里，沙漠中小小绿洲的山崖上，幽闭漆黑的洞窟中，不被人知的无名匠师们一手举着忽明忽暗的小油灯，一手执笔，在淡淡发亮的壁面上，画出亭台楼阁、大千世界、佛陀天人、万千众生。他们需要悬臂于空中，在完全垂直的四壁作画；需要平卧在高架上，面对窟顶绘制；需要完全俯下身体，或跪或趴在地上，在墙根和佛坛底座上绘画。

面对敦煌的近千座洞窟，数千身塑像，数万平方米壁画，上千年的历史，一卷巨大的敦煌艺术画轴，我们不禁发问：究竟应该留下多少能工巧匠的姓名，才会使我们觉得真实？我们究竟该去哪里找寻他们的痕迹？

简易的陶碟，木杆的毛笔，粗糙的油灯和颜料，都是无名匠师们的工具。莫高窟最北边狭小低矮的洞窟是他们栖身休息的处所，与其相伴的不是声名赫赫，不是赞美与追捧，而是人迹罕至的戈壁与漫漫黄沙。

洞窟的营造需要巨大的人力和财力支撑，其工序也是相当繁复，工匠们娴熟的手艺起着决定性作用。这些无名的大师，终其一生只是窟主和施主雇用的寂寂无名的贫苦劳动者。

从敦煌文献中可以看到，他们虽然手艺出众，辛勤劳作，但是生活艰辛，别说无法将自己的画像或姓名留在作品上，很多时候可能只勉强维持家人温饱而已。他们亲手营造了大量洞窟，塑像绘壁，却没有属于自己的方寸之地。正如敦煌文书 S.5641、P.3211 等卷《王梵志诗》中所写：工匠莫学巧，巧即他人使。身是自来奴，妻是官人婢。

所幸，无声无息、隐没沙海、被历史所遗忘的无名大师们，他们手中捏塑、笔下画出的浪漫多情、精湛绝伦的灿烂华光保存到了今天。我们无法知晓他们的姓名，但由衷地赞叹他们留下的作品。

来自敦煌本土和往来丝路上的供养人及工匠，或出资或出力，在信仰的河流中源源不断、世世代代地供养敦煌石窟，他们对美好佛境的无限遐想和对远方的无限乡愁也被保留在洞窟中，为今人所瞻仰。

凿镌仙岩，修禅兴福

坐西朝东的莫高窟洞窟密布岩体，大小不一，上下错落如蜂窝状。洞窟所处的断岩属于酒泉系砾石岩层，高40米至50米，主要是由积沙、卵石和钙泥沉淀黏结而成。这种砾石层大多坚实而稳固，能形成陡立的崖壁和天然拱，凿窟时也能形成良好的洞窟窟顶。但是，砾石层中还夹杂有砂质，使得局部稍显疏松。

卵石坚硬，金石难琢，沙层疏松，难御水侵风蚀的崖壁，不适于像石质山体那样进行精雕细刻。颇具智慧的古人因地制宜，找到了最适合本地筑窟的技术与工艺：于凿窟之后，扎木为骨、敷泥造像制成彩塑，又在窟壁上抹泥涂粉，平整壁面作画，终成集石窟建筑、彩塑与壁画三位一体且相互辉映的莫高窟艺术。

敦煌石窟中的其他石窟寺与莫高窟的营建方法和塑绘步

骤相同。以下主要以莫高窟为代表进行介绍。

在当时肩扛手提的营建水平与生产工具有所限制的条件下，开凿一个洞窟需要巨大的人力和财力。敦煌文书 P.3405 是一篇《营窟稿》，其中对佛窟营造过程有较为具体的描述。再结合其他文献资料，我们知道一个洞窟从始建到完工大体经过选址、整修崖面、凿窟、塑像、绘制壁画、修造并装饰窟檐或殿堂等一系列的营造程序。

手艺精良的打窟人要艺高心细胆大，他们进行的凿窟工作将为之后的艺术创作打下坚实的基础。打窟人不仅要开凿出正在营建的洞窟窟形，还要提前了解和时刻关注周边山体和洞窟的情况，以防出现坍塌、凿穿洞窟的意外。

洞窟开凿完成后，就要进行佛窟营造中最主要的技术和艺术工作程序：制作彩塑与绘制壁画。

彩塑的制作

由于莫高窟崖体比较疏松，"塑"像优于"雕"像。制作的材料主要是泥土，在泥塑上施以粉彩即为彩塑。

敦煌泥塑制作历史悠久。《史记集解》记载，西汉元鼎四年（公元前 113 年），有暴利长在敦煌渥洼池为捕天马抟土塑人。暴利长为捕天马所塑的人，应当是敦煌见于记载最早的泥塑作品。

彩塑作为莫高窟石窟艺术的主体，它的制作技术是当地千百年世代传承的赋彩泥塑手工技艺。莫高窟许多彩塑历经千年依然保存完好，不仅是因为当地的气候干燥，也得益于因地制宜、独具特色的制作工艺。

按照制作种类来划分，莫高窟现存彩塑又可分为圆塑、浮塑、影塑、悬塑等几种类型。以数量最多的圆塑制作工艺为例，主要步骤是搭骨架、制泥、塑形、赋彩（图14）。

首先是制作骨架。骨架根据泥塑体量大小分别采用木胎、木架、石胎三种结构，最多的是木架。小型彩塑多用木胎结构，再塑上一层又薄又细的泥。中型彩塑骨架多为木架结构，材料来自当地常见的红柳等植物，可依据其形状"应物象形"。石胎结构多为制作高达数十米的巨型泥塑。

第二步是制泥。细质黏土中加入适量的细沙、纤维物、蛋清、米汁等材料，根据加入的纤维不同，大体分为粗泥和细泥。粗泥可塑造人物大样，细泥用来塑造人物表层及五官、衣褶、配饰等细部。

接着是塑形，主要有上大泥、塑形、收光三个程序。上泥、塑形过程均循序渐进，层层进行。这种分层手法所做的塑像，基本不会开裂变形，同时表面光洁，不易留下工具的痕迹，为赋彩描线时能运笔流畅提供了很好的地仗层。

图14 彩塑步骤简介 敦煌研究院陈列中心展示

最后进行彩绘。体量较大的彩塑是洞窟中礼拜的主体对象，需要表现出更强的艺术感染力，这对赋彩技法的要求也更高。塑工完成塑造后或者交给画工，或者自己完成彩绘。这时的彩绘已不是通常的着色，而是雕塑上的绘画，必须体现塑形和绘画两方面的卓越技艺。

比如莫高窟第45窟、第194窟、第205窟、第328窟，前期塑形时有意识将局部形体归纳概括，把细节留在上色时再创作。这样安排，"随类赋彩"时除了以和谐的色调描画出人体的肌肤、面部的表情、蓬松的须发、柔软的衣饰外，还结合了当时的审美风尚，提炼寻常生活中可以表现出时代特色的元素，以艺术创作的方式放大和强调盛唐大气雍容的美感和特色，使塑像别具时代风采，充分发挥了工匠精湛的塑绘结合技艺。

关于古人凿窟塑像的方法和步骤，多是研究者根据敦煌文献和其他相关古文献推测而出。此外，莫高窟还有一个得天独厚的优势，那就是壁画中形象地记录了古人绘塑佛画、佛像的内容，为我们更形象地展示了当时修佛、摹佛的场景，这是其他石窟寺中不可多见的图像资料。

例如莫高窟第72窟南壁刘萨诃与凉州瑞像变中，有两幅体现敦煌石窟艺术创作的画面：修塑大佛图和临摹佛像图。前者表现的是6位塑匠调整巨身立佛像头部位置的场面；后者从"请工人巧匠等真身邈容时"（量佛像尺寸）和"请丹青巧匠邈圣容真身时"（摹绘佛像）两部分内容，展现了敦煌古代工匠们从事敦煌石窟艺术创作活动的部分情况（图15）。

画面中描绘了诸多刘萨诃的因缘故事，内容丰富，仅榜题残存者就有40余条（幅）。据考证，现保存尚好的上半部画面，主要描述了刘萨诃在河西走廊进行宗教活动的情况，为我们研究中西交通史、河西走廊宗教发展史提供了珍贵的形象资料。

壁画的绘制

敦煌石窟以壁画数量多、内容丰富而闻名。在石窟建造中，画匠负责整个佛窟内的壁画制作，有时还兼顾泥塑和窟檐的彩绘。壁画较石刻易于描绘大量细节，寸马豆人均可精绘入壁，故而表现佛经内容和时代风貌更为广泛、丰富和详尽，这也是敦煌石窟独具的特点。

在莫高窟，由于时代风格不同，绘制壁画的工序也会相应变化。一般来讲，绘制壁画的第一道工序是根据窟主和施主们特定的宗教意愿和佛经内容，对整个洞窟内各壁面所要绘画的内容和题材进行总体规划，设计画稿，最终呈现出既能表现佛教义理，又有通俗性和艺术性的佛教绘画作品。

通常，佛教尊像绘画大多是依据粉本或画稿传承下来的，而每个时代又会在原有粉本的基础上，拓展出富有新意的画样。同时，莫高窟的壁画中也不乏样式新颖、别具一格的作品设计，有的成为流行样式，被后代仿制；有的昙花一现，更显珍贵。

当一座洞窟的建筑大形打好后，先将砾岩壁面修理平整并留下密集的凿迹，这样有利于泥层与岩体结合得更牢固。接下来开始制作绘制壁画的地仗层。地仗是用于描绘壁画的基底，整个洞窟内需要绘画的地方都必须有地仗层，如同纸

图 15　山中造像　莫高窟第 72 窟南壁　晚唐

张。地仗质量直接影响画工绘画时的发挥、画面最终呈现出的效果和壁画寿命等。

地仗一般分泥皮地仗和白灰皮地仗两种。莫高窟五代至宋时期的露天壁画多采用白色灰泥地仗，经过 1000 多年风吹日晒，仍然有不少作品保存至今。

接下来，就由画匠绘制壁画，主要分起稿、上（着）色、描线等步骤（图 16）。

起稿是壁画创作的最初阶段。起稿的方法有多种，例如徒手起稿、刺孔起稿等。有时使用一种方法，有时混合使用多种方法，都是根据画工的自我经验和喜好灵活调配。在一些褪色的壁画中，我们可以清楚地看到当时起稿留下的痕迹：用墨斗弹下的土红色长线用来划分大区块，或定位标识人物五官；也有徒手勾勒的简单小样，旁边是放大细化的正式内容；还有使用图样粉本刺孔起稿后在墙面上留下由色点连成线的轮廓。甚至还可以看到，画工以细小的尖锐物做圆心画圆形时留下的小孔眼。

起稿完成后，进入上色阶段。

有的画稿在完成后，由师傅写上色标，再由弟子涂色完成。"色标"就是色彩分布的代号。也有大量的壁画并不标示色标，而是直接上色，这是因为画匠们具有娴熟的绘画技

图 16　绘画步骤简介　敦煌研究院陈列中心展示

法，能驾轻就熟地绘制。

上色一般先染底，表现出所绘对象的主要色调。再填色，这时就要更细致、更精确地进行赋彩。填色完成后，再在色块上层层深入，利用分染、叠染、晕染、罩染、点染等技法使画面层次更加丰富，浓淡相宜。

完成赋彩后以墨线为主描线，在人物肌肤部位有时也用与肉质接近的赭石或土红进行勾勒。此时就算定形了，故称定形线。

颜料与颜色

绘制壁画的颜料大多是以无机物为原料，经过选料、粉碎、除铁、研漂分级等程序后，制作出适合于绘画所需深浅不同的各种颜色。来自深海的珊瑚贝壳，群山的晶石，抑或

图 17　敦煌壁画中使用的部分矿物质颜料　敦煌研究院陈列中心展示

溪流中的沙金都可成为颜料，它们散发纯正浑厚的光彩，艳而不俗，具有耐候性、耐光性、不怕酸碱腐蚀等特性，即使埋没于土内多年，也不会影响其色泽的艳丽，具有化工合成颜料难以达到的表现效果（图 17）。

接着，在制作出的颜料中加入动物胶，这种矿物色的黏结剂，能巧妙地将矿物色的各颗粒黏结，不同颜色的颜料叠加，产生了矿物色特有的发色效果，使画面呈现出斑斓多变的色彩魅力。此外，塑像和壁画中也使用有机颜料和金粉、金箔，以达到更精美的绘画效果。

现存的壁画颜色存在较复杂的情况，很多问题还有待进一步研究。我们现在谈敦煌壁画，不得不说壁画变色与褪色的问题。通常来讲，由于一部分颜料中包含了容易变色的成分，在日晒及一定湿度变化的条件下，就发生了变色现象。例如不稳定元素铅容易氧化，某些红色和白色颜料中常需要添加铅，时间一久，氧化成为现在的黑褐色。大部分敦煌壁画有1000年以上的历史，一般来说，时代越久，或者色层越丰富的壁画，变色就越严重。还有人为因素造成的变色，例如莫高窟第71窟、第156窟等是由于曾有人在洞窟中生火，烟熏造成了变色。

壁画褪色在敦煌石窟中是很普遍的现象。除了人为刮毁、触摸等原因外，主要是莫高窟地处沙漠戈壁地带，日照时间长，光线强烈，风沙和光线照射会使颜料层脱落、变淡。同时，颜料本身也会衰变，自然挥发褪色（图18）。

苍凉枯索的大漠中，历时千年的敦煌石窟，向我们展示了中国中古时期建筑、彩塑与壁画的精湛技艺，但它给予我们的启示又远远超出了艺术和文化本身。

千年间，随着驼铃声抵达敦煌的佛教艺术，在孤寂的断崖上由多民族交融绘制出佛国与人间相辉映的艺术长卷。这铺长卷的内容包罗万象，从洞窟本体内容到藏经洞出土的文献与文书，从我们能直接看到、接触的物质文明到需要专业人员解读的深层文化信息，无不展现出它的丰富价值。这些没有被中古时期传统王朝的史官、文人着意编纂和描绘的原始材料，也许有时远离了正史的宏大叙事，但它的边缘性和

图 18　莫高窟第 205 窟壁画变色与复原临摹的对比　敦煌研究院陈列中心展示

民间性为我们提供了一个观察地方社会生活本来面貌的视角和机会，敦煌艺术反映了在历史长河中帝王将相为主体的王朝生活之外，占据时间最长的、普通的、更真实的社会样貌和百姓们以信仰建构而出的精神世界。

历代各民族千千万万的民间匠师们，凝结智慧与心血，创造出敦煌石窟艺术世界的华丽夺目，展现出世俗生活的真实多元；绵延万里的丝路上的国家和人民的生活是创作者激情的来源，是描绘现实世界博大辽阔的根基。回首历史，真正筑起敦煌石窟的，正是这些万千有血肉的灵魂，他们以自身的祈望与信念，创造了世界上最古老悠久、辽阔庞大、丰厚浩瀚的文化遗存。

正因如此，今天站在历史长河的岸边回望敦煌石窟千余年的岁月时，震撼我们的不止是崖壁洞窟中视觉盛宴般呈现出的缤纷多彩和辉煌绚烂，更是石窟背后隐隐发出的关于一个个曾经生活在这里，因为信仰而留下细微印记的普通人的精神之光。

无数的微光相连，提示我们不要错过他们的精神与信仰，指引我们不可错过宕泉河边的敦煌窟龛。

敦煌石窟，是不可错过的沙漠美术馆，是不可错过的文明圣殿。

升其栏槛，疑绝累于人间；窥其宫阙，似游神乎天上。

岂异夫龙王散馥，化作金台，梵王飞花，变成云盖。

幢幡五色而焕烂，钟磬八音而铿锵。

——李君修慈悲佛龛碑

第 272 窟（北凉）

这是平面接近正方形的北凉覆斗顶窟，属莫高窟现存最早的 3 座洞窟之一。

洞窟顶部已经有覆斗状雏形，但形似四披部位的坡度较为平缓，尚有穹隆形窟顶的余意。顶部中央是敦煌石窟现存最早的叠涩藻井，浮塑三层叠进的叠涩式井心，内层比外层

图 19 供养菩萨 莫高窟第 272 窟 北凉

略上升一点，表示建筑中的叠压关系。藻井的第二层四角各画1身展臂飞天。

正（西）壁开出一座较大的佛龛，简洁的龛沿上部仿绘出束帛形龛梁。较深的龛内是穹隆形龛顶，这种龛形目前仅见于敦煌石窟。龛顶绘圆形伞盖，伞盖周围是一圈希腊式风格的柱子（图19）。

龛内彩塑1身倚坐佛像。倚坐就是双腿自然下垂的坐姿，也称为善跏趺坐。佛陀身着偏袒右肩的土红色袈裟，袈裟衣纹以贴泥条的方式表现，这是早期佛像衣纹的常见塑造方式。佛陀两侧各绘1身站立的胁侍菩萨，菩萨上方是身量较小的弟子像，应表示的是十大弟子，他们均呈胡跪（单膝跪地）的姿势面向佛陀礼拜，龛外南北两侧绘制数十身婀娜神秘的供养菩萨。

南北壁中间各画一铺说法图，正在说法的佛陀两侧是听法的菩萨、弟子和天人。图中还保存了我国已知最早的双狮佛座。说法图周围绘制规整的千佛图像，从南北壁延续至东壁窟门两侧。

◎不可错过　供养菩萨　第272窟西壁南北侧

西壁南北两侧的供养菩萨都是5身一排横向而绘，每侧

20 身。

画师捕捉到刹那的人体动态，描摹出姿态各异、情致优雅的菩萨形象。他们或身着披帛和羊肠裙，或穿连身长袍，有的头戴冠饰，有的手捧贡品。菩萨上身动感明显，有的扭身出跨，有的立掌前推，手姿娟秀，以游戏坐或跏趺坐面向佛陀（图20），柔软的手臂纤巧灵活，犹如正在舞蹈。身段婀娜、气质优雅的菩萨之间流动的韵律感像乐曲在静止的画面中流淌，无形中把每身菩萨联系在一起。浑然一体的气韵，生出动感与欢喜，平衡了独立的菩萨个体和画面的整体意境。

神奇的时光改变了菩萨身上的肉粉色与高光白色，大面积土红底色，映衬着变色后的黑褐色粗线条。幸而，菩萨的头光与裙装依然颜色斑斓。红棕、浅土红、浅绿和粉白，四种颜色交替出现在头光与裙装中，变幻无穷。

如今，相同样式的供养菩萨像在敦煌石窟不见他例，众菩萨别具一格的姿态与排列之意还是未解之谜，为他们兴奋热烈的健朗舞姿平添了一份神秘。

◎不可错过　伎乐天人　第272窟北披

藻井四周围绕西域式圆拱形建筑内，排列着一周边歌边

图 20　供养菩萨　莫高窟第 272 窟西壁南侧　北凉

图 21　伎乐　莫高窟第 272 窟北披　北凉

舞的伎乐天人。他们站在拱形门洞内，身前凹凸错落的栏墙
似马赛克一般充满现代艺术趣味。伎乐天深目高鼻的面孔和
只着披帛的赤裸上身展露出异域风情，有的拨弹琵琶，有的
吹奏长笛，有的手捧法螺，有的拍打腰鼓，健硕的身体和着
乐曲扭动，动作刚健，情调奔放。束于伎乐天人小腹下的长
裙突出了腹部黑褐色的粗线条，古朴的设色和简练的造型，
体现出敦煌石窟早期壁画变色后的独特韵味（图 21）。

　　　　经典洞窟巡礼

第 275 窟（北凉）

本窟可视作殿堂式洞窟的特殊形式，平面为纵向矩形，西壁不开龛，直接塑像。整个窟室并不大，纵长的平面为较大的塑像创造了视觉距离。不知为何，这种中原化比较明显的石窟形制并没有在敦煌石窟广泛流传。窟内现存盝形顶为后代重修，最初的窟顶结构虽不甚明确，推测原本可能为仿汉式建筑屋顶的四披形式。

西壁彩塑的主尊像是 1 身交脚菩萨，他面相圆满，胸腹部的起伏和腿部上下粗细变化都不明显，整体呈现出古朴圆润的特点。菩萨像下裙紧缚双腿，衣纹以贴泥条的方式塑造。洞窟南北两壁的上部均开出佛龛，现存阙形龛各两座。龛内为交脚菩萨，他们头戴宝冠，上身半裸，颈饰项圈，胸挂璎

不可错过的小知识

释迦牟尼成佛前，沉思解脱生老病死痛苦时的形象被称为半跏思惟菩萨。这种类型的菩萨也有其形象定式：头戴三珠宝冠，上身袒裸，肩披长巾，胸挂璎珞或项圈，腰围羊肠裙，坐着时左腿下垂，右腿上屈平置左膝上，右肘放在右膝上，右手支撑脸颊，俯首下视作沉思状。随着佛教的发展，有时也以半跏思惟样表现弥勒菩萨。

珞，肩披长巾，腰束羊肠裙。树形圆拱龛各一座，因为在龛两侧各浮塑出一棵树，树冠部分向中央倾斜相连，代替了龛楣，故也称为双树龛。这种装饰性较强的龛形在莫高窟早期洞窟中比较常见，龛内塑思惟菩萨。佛龛内外皆画胁侍菩萨，或擎花枝、雨花香的天人与供养菩萨。

南壁与北壁列龛下部绘制本生和佛传故事，画面内容丰富，横向分层的构图形式紧凑。壁画题材和艺术风格都带有浓郁的西域特色，代表了敦煌石窟早期壁画的常见主题与艺术风貌。有趣的是，南壁的佛传故事中出现了汉式城楼，反映出敦煌石窟初建时外来文化因素与中国传统文化并存的现象。

北壁自西向东绘制了5铺释迦佛本生故事画：毗楞竭梨王钉千钉本生、虔阇尼婆梨王燃千灯本生、尸毗王割肉贸鸽本生、月光王施头本生和快目王施眼本生故事。南壁故事画自西向东描绘了佛传故事：成佛前的悉达多太子出游时，在四座城门处见到人世间生、老、病、死诸多苦难烦忧的场景。

整座洞窟中，无论是塑像与壁画题材，还是绘塑技法，都带有浓郁的西域风格。尤其运用西域晕染法表现人体结构和明暗关系的技法特点，塑造出早期敦煌石窟承袭西域风格的典型作品。而对人物像的刻画，在体现西域"铁线描"的同时，还展现出汉晋传统的线描画法，反映出独具特色的敦煌本土艺术特征（图22）。

◎不可错过　交脚菩萨　第275窟西壁

洞窟正壁没有开龛，直接绘塑1身高达3.34米的交脚菩萨。交脚菩萨是指赤双脚、足踝部相交而坐的菩萨像（图23）。通常认为，这是身处兜率天宫的弥勒菩萨；也有研究认为这是成佛前的释迦菩萨。

这身敦煌石窟早期最大的菩萨像头戴三面宝冠，胸佩璎珞，肩披大巾，腰系羊肠裙。菩萨肩宽腰细，身姿挺拔雄健，左手扬掌作与愿印，卷发披肩，面相丰满圆润，鼻梁直通额际，双唇薄而紧闭，神情恬静、庄严。

菩萨坐于倒三角形靠背的方形台座上。座位两边各有一头张嘴的狮子，称为双狮座，以示菩萨说法似狮吼。这身塑像的风格及其双狮座座椅、靠背样式和纹样明显受到外来影响，表现出较为典型的犍陀罗佛教艺术特色。

◎不可错过　出游四门　第275窟南壁

这幅壁画绘制在南壁中层，描绘了还未出家成佛的悉达多太子在侍从的陪伴下出城游观。在四座城门处，太子分别

图 22　毗楞竭梨王本生　莫高窟第 275 窟北壁　北凉

图 23　交脚菩萨像　莫高窟第 275 窟　北凉

图24　佛传故事（局部）　莫高窟第275窟南壁中层　北凉

遇到病人、死人、梵志和沙门（古印度对运用不同修行体系进行修习之人的称呼），见到众生愚昧又痛苦地沉溺在生死轮回中，因而感悟人生无常，心愿求道的故事。

南壁西起第一幅是遇见梵志的场景。画中绘出汉式阙楼形城门，太子骑马而出，前面一人双手合十，一人弹奏琵琶；又画须发皆白的老者，他祖露上身，下身缠腰布，是老年婆罗门形象，即经文中记述的梵志（图24）。

整铺壁画是汉晋传统形式的横卷连环画，把人物与景物安排在不分远近的平列构图中。此外，城门上的子母阙和斗拱，以及画面旁涂刷榜题的形式也都来自汉式传统绘画。而绘制人物时运用的"染高不染低"晕染技法，及服饰样式则体现出西域风格。

第 259 窟（北魏）

这座洞窟是北魏早期中心塔柱窟，前部为中国传统的仿木结构人字披顶，可惜大部分已经坍塌。后部中心塔柱与其他同形制洞窟不同，不是修造在洞窟中间靠后的位置，而是在正壁的中间修出凸起部分，有中心塔柱正破壁而出的态势。

西壁凸出的半个塔柱正面开出一圆券形浅龛。龛内塑绘现在佛释迦佛和过去佛多宝佛，两身佛并排而坐，一同讲说《妙法莲华经》。佛龛外部两侧，各塑 1 身头戴宝冠的胁侍菩萨，宝缯和长发披在肩头，胸戴璎珞，上身袒露，下身着石绿色羊肠裙。裙子的腰头部分外翻在腰带上，塑匠把轻薄布料的质地塑造得相当逼真，流水般一泻而下的裙摆贴着菩萨的双腿，顺滑地流淌至脚踝处后，裙摆两侧又向两边散开，尽显"曹衣出水"之美。

遗憾的是，此窟东壁已崩落，南壁东侧下半大部分业已损毁，只有北壁保存较为完好（图 25）。北壁分为三层，下层为早期洞窟中常见的药叉画像，可惜后期涂改，致使现

图 25　人字披殿堂窟　莫高窟第 259 窟　北魏

在辨识困难。上层和中层开龛造像，中层是圆券形佛龛，龛
内塑倚坐佛像或跏趺坐佛像。跏趺坐就是上半身直立、盘腿
而坐。上层是四座阙形龛，龛内塑交脚菩萨或思惟菩萨像。
佛龛之间，以及龛与窟顶间绘有千佛和飞天。

　　这座洞窟绘制和保存下来的壁画比较少，窟中内容主要
以塑像的形式表现。虽然洞窟面积不大，但十数身塑像布局
得当，佛陀与菩萨恬静、秀美的造型和神情营造出安逸肃穆
的意境。

◎不可错过　二佛并坐　第259窟西壁

这是莫高窟最早的二佛并坐塑像，通常认为是根据《妙法莲华经·见宝塔品》塑造的释迦佛和多宝佛（图26）。某日，释迦佛在灵鹫山为大众讲《妙法莲华经》，气氛正非常热烈时，从地中涌出一座宝塔。塔身由金银琉璃、砗磲玛瑙、真珠七宝合成，璀璨绚烂。塔中传出一个声音赞叹释迦所说皆是殊胜美妙之法，听此法者可获大福报。众生听闻欢喜赞叹。这时，塔门打开，过去佛多宝佛安坐在塔中，邀请释迦佛入塔。释迦入塔安坐后，宝塔升入虚空，二佛并坐说法。

龛内两身佛像皆为高螺髻发，头、面部在后期重修过，但改动不大。二佛均为游戏坐姿，着半披式袈裟，衣纹塑造得逼真自然，这种效果是以泥条贴塑和阴线细刻的手法相结合而表现的——在基本完成的塑像上，用一条条宽窄相同的软泥条贴于泥塑表面，再在泥条表面及之间的平面上阴刻出凹线，使衣褶达到更具立体感的效果。其中，阴刻衣褶中的涡卷状形式是一种新的表现手法，与北魏太和年间出现的造像风格相似。

◎不可错过　禅定佛　第259窟北壁

"禅定"是一种古老的修行方法，是梵语"禅那"的略

图 26　释迦、多宝二佛并坐　莫高窟第 259 窟西壁龛内　北魏

图 27　禅定佛　莫高窟第 259 窟北壁　北魏

称，意思是思维修、静虑。禅定是通过感知或观想特定对象达到精神高度集中，从而提高当下自我觉知，最终体悟到身心极度平静与安宁的状态。

这身禅定佛呈跏趺坐姿，面部丰润，身着通肩袈裟，体态端庄匀称，造型古朴凝重。袈裟的衣纹以阴刻线表现，自然流畅，粗细深浅的转折与变化，显示出塑匠娴熟的技艺。

佛陀双目前视，又似乎视而不见、听而不闻。微翘的双唇间显露出一丝笑意，嵌入脸颊的嘴角透出内心的安宁和愉悦。佛陀交叠双手，恬静的神情悠闲淡远，散发出内向、隽永的含蓄美，充满慈爱和超然的内心富足感像无形的海浪一样，一次次激荡着观者的身心（图 27）。

第 254 窟（北魏）

这座位于莫高窟崖面中层的中心塔柱窟内，主室的中心柱东面开大龛，彩塑 1 身交脚佛，佛龛外是浮塑的龛楣和龙形龛梁。中心塔柱的南、西、北三面分别开凿上下两层小龛。其中，南面和北面的上层是阙形龛，龛内塑交脚坐菩萨像，下层圆拱券形龛内彩塑禅定佛像，西面上层双树龛和下层圆拱券形龛内都是结跏趺坐的禅定佛（图 28）。

图 28　中心塔柱窟　莫高窟第 254 窟　北魏

图29 阙形龛 莫高窟第254窟南壁 北魏

人字披下方南壁和北壁上方对称开有阙形龛，龛内塑交脚菩萨，阙形龛后紧接着各开四个圆拱券形龛，龛内彩塑佛像。这些塑像比例适度，头部广额丰颔，神态庄重。佛像的袈裟贴体而塑，更突出了塑像腿部修长的特点。

阙形龛是在基本形制为方形的龛外两侧，各绘塑出一高一低的子母阙。"阙"作为西周时期文献中就出现的一种汉式礼制性建筑，有"权力和级别"的象征意义。莫高窟中的阙形龛通常修造在壁面上部，在早期石窟中比较常见，多表示菩萨所处的天宫（图29）。

东、南、西、北四壁顶端画天宫伎乐环绕全窟，中间画千佛分布在四壁。每身千佛旁都有对应的榜题，说明这尊佛陀的名号。这些用笔潇洒、功力深厚的题记，是北魏墨书在敦煌石窟内保存最好的一部分。

本窟的四铺主题画也是中古壁画的精品之作。它们分别绘制在南壁和北壁千佛图的中央：南壁画降魔变、萨埵舍身饲虎故事画，北壁画难陀出家因缘变（近年也有研究认为是帝释窟说法故事），以及尸毗王割肉贸鸽故事画。四幅壁画无论是题材，还是人物造型、色彩与线描的表现，无不显示出古代大师们以传统为主、吸收外来文化的融合创新精神。这种精神激发出他们无尽的灵感以创作出艺术魅力独特又经典的作品。可以说，这四铺熠熠生辉的壁画，在我国美术史和世界佛教美术上的价值、意义和作用都极为重要。

该窟建筑布局谨严，彩塑和壁画都在承袭北凉风格的基础上有新的时代发展，是敦煌石窟早期艺术较为成熟的代表作。

◎不可错过　萨埵舍身饲虎故事画　第254窟南壁

释迦佛的前生曾是一位生性善良的太子，名叫萨埵。一日，萨埵与二位兄长到山林游玩，看见一只母虎产下幼崽后，身体非常虚弱，已经七日无食可吃，饥饿至极的母虎竟欲啖食虎崽。兄弟三人都想帮助老虎母子摆脱困境，可是谁也没有好办法，只得抱憾离去。

待到大家走远后，萨埵借故与兄长分开，快速返回饿虎休息的地方。只见萨埵脱去衣服，来到虎前，委身而卧，想让母虎啃食自己。但是，母虎饿得连吃他的力气都没有。于是萨埵爬上山顶，以干竹刺颈出血，再一跃而下，摔在母虎面前。母虎舔食萨埵的血后逐渐恢复气力，将他的血肉啖尽。吃饱的母虎终于有了乳汁，喂食了五只嗷嗷待哺的幼崽。

二位兄长久等萨埵不回，前去寻找，才知道弟弟为救老虎母子，已经命绝。萨埵的父母闻讯赶来，抚尸痛哭，悲痛欲绝。最后，大家收起萨埵的尸骨，起塔供养。天人也被萨埵献身饲虎之举感动，纷纷飞来在塔前歌舞赞叹。

这铺画以单幅画形式，把故事中不同时间和空间的诸多情节交织编排在一起，形成主题鲜明且富有变化的整体结构。画师运用均衡的构图原则，各情节间以山林图案做分隔点，将故事主要情节清楚地表现出来，显示出特有的节奏感和韵律感。画面中以萨埵跳崖的一个场面表现其刺破喉颈和投身跳崖两个情节，又以萨埵卧于虎前和饿虎围食一个场面表现其两次饲虎和饿虎啖食三个情节，这种构图不仅节省了画面，也突出了萨埵舍身的自我牺牲行为和坚定的决心。

人物形象描绘上，画师没有绘制萨埵被啖食后骸骨狼藉的场面。相反，被饿虎啖食的萨埵，以及已成尸体的萨埵，皆是形体、衣饰如故，面色如生，仿佛正在熟睡之中的安详样貌，冲淡了残忍和恐怖的气氛，歌颂了萨埵崇高又平静的灵魂（图30）。

◎不可错过　降魔变　第254窟南壁

这是佛传故事中非常重要的一段内容：释迦在菩提树下进入禅定后即将觉悟，修成佛道。名叫波旬的魔王知道世间将有人很快觉悟，如果释迦成佛，众人皈依而去，自己统治

图30 萨埵舍身饲虎故事画 莫高窟第254窟南壁 北魏

的"欲望世界"将会崩塌。于是，魔王率领魔女和魔军来到修行之地扰乱，对释迦诱以女色，动以武力，企图疑惑其心念，威胁其生命，破坏其觉悟之决心。然而，释迦坚决不为所动，以强大的定力和耐力，击败波旬和魔军，最终开悟成佛。故事中的魔王和魔军是指困扰我们自己的各种负面情绪和欲望，即"心魔"。故事的本意是说释迦战胜了自己的心魔，终于觉悟成佛的过程。

莫高窟降魔变的画面有鲜明的共同特点和敦煌风格，本窟也不例外。更重要的是，这铺敦煌石窟中规模最大的降魔变应是现存 6 世纪以前佛教美术中出现人物形象最多（61人）、绘制最精细、艺术水准极高、保存状况最好的一幅降魔变壁画，在世界佛教美术史上有特殊价值。

画面正中释迦在菩提树下结跏趺坐，泰然自若，深入禅定，即将成道。左下角的三魔女弄姿作态，企图诱惑释迦。在释迦的法力下，青春貌美的魔女变成右下角的三老妪。画面上部，魔女诱惑不成后，魔军大举进攻，现出狰狞怪异的模样，气势汹汹地以各种武器投向释迦，但矢刃未近释迦的身体即已断折。释迦不动声色，不离座位，施降魔触地印，左手执袈裟，右手垂伸按地，降服魔军。惨败的魔王与魔军只得向释迦下跪求饶。

图31　降魔变　莫高窟第254窟南壁　北魏

　　画中线描秀劲圆润，凹凸法晕染细腻柔和。魔女头戴宝冠，披长巾，穿半袖衫、褙子、长裙，这种服饰是受波斯影响的西域装。画面中动静对比的手法，通过魔王与魔军惊惶失措、丑态百出的形象衬托释迦的镇定自若。画师以丰富的想象力和高度夸张的艺术表现力，对魔军进行了奇形怪状、丑陋狞恶的刻画，形成美与丑的鲜明对比。曲折复杂的情节巧妙地组合在同一画面上，铺排有序，多而不乱，主题鲜明（图31）。

释迦佛前生有一世为名叫尸毗王的国王，他心好佛法，立誓普救众生。帝释天与毗首羯摩两位天神分别变作老鹰和鸽子来试探尸毗王的心志。被老鹰追逐的鸽子，飞来尸毗王的宝座前寻求保护。老鹰紧随其后，追至王座前向国王索要鸽子，并告诉国王，如果不吃鸽子，自己将会饿死。

尸毗王为了两全其生，最终决定割自己的肉给老鹰吃。老鹰要求国王的肉必须与鸽子的体重相等，国王欣然应允。可是，眼看国王腿上的肉将要割尽，也不如一只小小的鸽子重。为实现自己立的誓愿，国王毅然起身坐入秤盘。国王舍身救鸽和信守诺言的行为感动了天地，帝释天恢复了原形，以神力使尸毗王身体恢复原状。

本窟以单幅画表现尸毗王割肉的场面。画面中心是尸毗王端坐的高大身躯，左右对称分布主要情节和人物，在同一画面中表现出多个主要情节，将故事脉络较完整地表现了出来。

画面左上是一只老鹰展翅临空，正在飞啄前面的鸽子。画面中央，尸毗王神情庄严，呈游戏坐姿。国王右手托着鸽子，凝视着左下方割自己腿肉的场面：一人手持尖刀，正在割尸毗王的左腿，森森白骨都已经露了出来。左侧是一人手持一杆秤，

82　尸毗王本生（局部）　莫高窟第 254 窟主室北壁　北魏

两端分盛着尸毗王和鸽子。尸毗王右侧上部，是天人或持鲜花或合掌赞叹的情景。画面下部是尸毗王的家眷，他们有的表情痛苦，似正在竭力劝阻；有的似不忍目睹这割肉的惨状；最外侧一人被他的舍身之举所震撼，又似对他的行为不解。各位家眷的表情姿态与左侧的割肉场面形成强烈对比，衬托出尸毗王牺牲自己以救鸽命的勇气和决心（图32）。

第 257 窟（北魏）

这个洞窟是典型的中心塔柱窟。窟顶前半部分为汉式人字披顶，后半部分为平棋顶和上接窟顶的中心塔柱。北魏莫高窟中心塔柱通常四面开龛，正面为一大龛，另外三面均开两层小龛（图33）。信众可以围绕中心塔柱右旋礼拜，有入塔观像之意。

此窟中心塔柱正面是圆券形大龛，龛内塑1身倚坐佛像，着半披式红色袈裟。衣纹刻画尤为传神，条条衣褶立体流畅。通过塑像面部和手腕的残破处，我们可以看到制作塑像时内部所用的木骨和附着在上边的泥草及棉麻。佛陀背光以火焰、化佛、飞天相衬托，色彩以石青和石绿为主，青绿交辉，清新明快，为古拙庄严的整体氛围增加了热烈、活泼的气息。

图 33　半跏菩萨　莫高窟第 257 窟中心柱南向面上层龛内　北魏

龛外北侧是莫高窟唯一现存的北朝彩塑天王像。

　　在洞窟南壁、西壁和北壁的上部是天宫栏墙内吹弹器乐、舞之蹈之的伎乐天众，中部是大面积的千佛图像。千佛下方依次绘制本生与因缘故事画，分别是"沙弥守戒自杀故事""九色鹿本生故事"和"须摩提女因缘故事"。这三铺故事画都是长卷式构图，即用横长形带状布局的形式，由几个相对独立的小画面共同表现故事发展的过程。这是本地画师用汉代以来流行的构图形式表现外来的佛教题材。故事画的下部是憨拙、粗犷有力的药叉群像。

本窟的题材内容和技法风格都体现出较强的外来影响，是敦煌石窟早期洞窟的典型作品。

◎不可错过　九色鹿与国王　第257窟西壁

释迦佛的前世之一是一只美丽的九色鹿。一天，住在恒河边的九色鹿不顾生命危险，从河中救起了一位叫调达的落水人。不久，贪婪的王后夜梦九色鹿，想用它的皮毛做衣饰，爱妻心切的国王很快下令捉捕九色鹿。为了得到国王给知情者的赏金，发誓为九色鹿保密行踪的调达，不假思索地出卖了它。

国王带着大队人马前往河边的林中抓捕九色鹿。无处可逃的九色鹿看到躲在国王身后的调达，明白了是见利忘义的调达出卖了自己。九色鹿将自己与调达如何相遇，调达如何赌咒立誓的经过告知国王，质问国王为何与这样没有良知和诚信的人为伍。国王听闻九色鹿的话，感到万分羞愧和愤慨，随即下令任何人都不能伤害九色鹿，要共同保护它。而调达因违背誓言，当即暴毙而亡。

图34 九色鹿本生故事（局部） 莫高窟第257窟 北魏

　　这铺故事画的构图甚为独特，按照从两头向中央的顺序进行绘制。图中的九色鹿傲首挺立，正在向国王陈述调达背信弃义的经过，这也是整铺壁画的中央场景，以突出九色鹿正直善良的品格。古印度、龟兹等地区创作的九色鹿故事均按照佛经的记载，绘出九色鹿跪在国王面前陈述实情的内容。只有在莫高窟，九色鹿以毫无惧色的形象出现，昂首站立面对前来猎捕自己的国王，其正气凛然的气概呼之欲出（图34）。

经典洞窟巡礼

图 35　九色鹿本生故事（局部）　莫高窟第 257 窟南壁西端　北魏

　　此外，近年有研究者指出，这铺故事画的开头部分实际上绘制在该窟南壁西端，表现的是鹿王本生故事画的前缘内容：佛教史上的最大反叛者提婆达多即落水人调达的前世[①]（图 35）。这是我国目前已知唯一表现九色鹿故事画前缘内容的作品，珍贵而独特。

　　◎不可错过　裸身天人游泳图　第 257 窟窟顶

　　这是窟顶方形平棋图案中的内容，画面以淡蓝色为底表示莲池，池中莲花恣意盛开，花朵和莲叶漂浮在清澈的水面上。四位裸身天人双臂舒展，在池中惬意地游泳。他们姿态

<hr />

① 　上述研究内容与相应图片均参考樊雪崧《莫高窟第 257 窟提婆达多图像试论———敦煌"弊狗因缘"献疑》，《敦煌研究》，2020 年第 6 期。

图 36 游泳图案 莫高窟第 257 窟窟顶 北魏

灵活，优美的肢体动作如在水中舞蹈，犹似今天的花样游泳。
天人游泳时欢快的氛围也感染了旁边成双的水鸟和雪白的天
鹅，水鸟们纷纷望着天人，向前游去。

当我们仰望窟顶时，游泳天人和周边的莲花、莲叶正在
轻盈旋转；而中间的椭圆形莲花向内吸收，中和了旋转动态。
莲池周围四方图案是用套叠形式表现的结构平稳，呈现静态
观感，外侧岔角绘翱翔的飞天又相对表现动势，中层四角的
火焰纹还呈现向外的张力。这种独特的设计和构图不仅颇具
新意，整体画面动静态势反复交互出现的视觉感也令人眼前
一亮（图 36）。

第 285 窟（西魏）

这是莫高窟仅存的三座禅窟之一，也是面积较大、保存最完好的一座。不仅洞窟形制是西魏时期的新创，窟中内容和风格也具有鲜明的多样性。窟内中央设有低矮方台，西壁开三座圆券形龛，南壁和北壁下层各开四座仅容一人的小禅窟（图 37）。一般认为，本窟是由西魏朝廷从中原派来的鲜卑宗室元荣出资营建，即《李怀让修莫高窟佛龛碑记》所云"乐僔法良发起宗，建平东阳弘其迹"中的"东阳王"。

主室北壁保存有一方发愿文，从墨书题记可以知道本窟营建于西魏大统四年（538）和大统五年（539）前后，是敦煌石窟现存有最早纪年的洞窟。在考古学上把这种存有准确纪年的石窟称为标准窟，其他没有保存确切纪年的洞窟，就可以根据标准窟的洞窟形制、题材内容、绘画风格以及历史背景等信息进行比较研究，推断该洞窟的时代和风格。

洞窟顶部与同时代第 249 窟窟顶的内容和风格很相似，飞动的云彩和来自中国古代传说中的神怪形象齐聚一堂。窟顶藻井中绘莲花图案，周围是用平面绘画的方式仿叠涩藻井，抬头仰望时令人有渐渐升空之感。南披绘风神飞廉与长着龙

图 37　禅窟　莫高窟第 285 窟形制　西魏

头、人身和鸟爪、臂生羽毛的雨神计蒙。下方还画有乌获、
飞仙、朱雀和羽人等神怪形象。西披画手捧鲜花的化生童子，
南北两侧各画一个雷神，有虎头、人身和鸟爪，臂下生绿色
羽毛。下面画猴子登山和仙子乘鸾出游的场面。北披绘飘舞
的飞仙、振风的飞廉、口吐云雾的计蒙与拿大铁錾子的电神
"霹电"，以及人面鸟身的千秋等形象。

　　窟顶下绕窟一周画出 35 身禅僧像。他们身穿袈裟，施
禅定印，跏趺坐于山峦重叠、树木掩映的草庐中禅修，体现
了当时北方"凿仙岩以居禅"的重禅行之风。

图 38　禅僧像　莫高窟第 285 窟西壁南侧龛内　西魏

西壁开出一大两小三座佛龛，中间较大的圆券形龛中保存了西魏时期制作的佛陀像。佛陀着土红色袈裟，双腿下垂倚坐于佛座上。两侧小龛中塑敦煌石窟不多见的禅僧像。南侧现存的禅僧像结跏趺坐，着通肩袈裟，头披风帽，神情淡然，包裹在袈裟下的身体形态和起伏塑造准确、自然，展现出敦实和稳固的美感（图 38）。龛外壁面上部绘制多身护法神祇，即佛教中称作诸天外道的形象，有日天、月天、诸星辰，以及摩醯首罗天、毗瑟纽天、鸠摩罗天和毗那夜迦天。此外，也有供养菩萨、四天王、外道婆薮仙等，最下部龛沿处是忍冬纹边饰。画师在绘制这一壁面的时候，有意用西域画法描绘这些来自印度教等其他宗教中形象特别的诸天，使本窟的西壁内容与绘画技法都有别于其他壁面，展现出浓郁的异域风采。

北壁画一组横向排列的八佛图，图中佛陀、菩萨和弟子的形象明显与前期大不相同，纷纷从北魏时期袒露上身、体格健壮的样貌转变为宽袍大袖、形体清瘦的南朝风貌。佛陀身材修长，面型清瘦，细眼薄唇，瘦体宽衣，有清虚明朗、通脱潇洒之态。菩萨也是褒衣博带，曾经的赤足穿上了笏头履。说法图下的供养人眉清目秀，飘飘欲仙。东起第一铺说法图中的佛座下，还存有字迹清晰的发愿文，记录了造窟愿望及建窟时间（图39）。

东壁窟门两侧也绘制了大型说法图，其中的人物画也与北壁的说法图一样，均为面染胭脂、高冠大履、袈裟与披帛在身侧拂起的样貌与形象。

南壁伎乐天的下方绘得眼林故事，也叫五百强盗成佛。故事画下部是四间小禅窟，禅窟门的龛门楣间，自东至西插绘出沙弥守戒自杀故事画和施身闻偈因缘故事画等内容。

环视全窟，这是一座中原式画法占主导的洞窟。除了西壁依然是西域式画法，其余内容均带有明显的清灵洒脱的南方新审美特点。尊像画和供养人画像的面貌清秀，身材修长，衣饰繁多，具有典型的南朝秀骨清像风格。画师通过线描的

图39　供养人画像与题记　莫高窟第285窟北壁　西魏

图40　伎乐飞天　莫高窟第285窟西壁　西魏

变化体现出人物肌肤和衣饰的质感，对不同特点的事物有更细腻的处理。南壁、北壁、东壁与窟顶的作品以淡雅的粉壁为底，配青绿红黑的流云、飞花和汉式传统晕染法，与西域式绘画相比，其清新潇洒之感更胜一筹（图40）。

这座内容丰富、风格鲜明的石窟，从洞窟形制、题材内容和艺术风格到意境创造和审美理想，处处彰显出中国汉文化和西域民族文化的交流与融合。可以说，这是一座创造新的中国式佛教艺术里程碑和转折点的洞窟，具有特殊的意义。

◎不可错过　伎乐飞天　第285窟南壁垂帐下

在云气缥缈、天花旋转的场景中，12身伎乐飞天面向

图41　伎乐飞天　莫高窟第285窟南壁西侧上部　西魏

佛陀，一身接着一身轻快地载歌载舞，有的一手支颐、一手前伸，有的双手演奏箜篌，有的品味阮咸余音，有的拨弹琵琶，有的吹奏竹笙，有的演奏排箫，有的双手击腰鼓，有的急吹筚篥，有的凌空起舞，表现了歌舞欢愉的境界。这组充满活力的伎乐飞天，是南朝衣薄带长、修长清瘦形象的典型（图41）。

◎不可错过　中国传统诸神　第285窟东顶

窟顶东披的中心是两身大力士捧摩尼宝珠。共执莲茎的大力士裸身披巾，莲花中化出珍宝——六角摩尼。摩尼珠两侧是头饰三髻的伏羲和女娲，其上身为人的面孔，下为龙身，穿着大袖襦巾，帔帛飞扬，奔腾在空中。伏羲双手持规，女娲持矩和墨斗，胸前都有一个大圆轮。伏羲的轮中画着象征

图 42　中国传统诸神　莫高窟第 285 窟东顶　西魏

"日"的三足乌，女娲的轮中画着象征"月"的蟾蜍。

伏羲下方是乌获，这是一位兽头、人身、鸟爪的大力士，双臂生羽翼，力能扛鼎。女娲下方画风神，也称飞廉，为驴头鹿身的相貌。飞廉下方是开明中的"天皇"，其形象也很特别，是有 13 个头的人面龙身样，前边两臂上还生出羽翼（图 42）。

◎不可错过　护法诸神　第 285 窟西壁中龛两侧

西壁中龛南北侧绘多身佛教护法诸神，这些形象与通常所见的佛教神祇有所不同，因为这是佛教从祆教或印度教吸收转化而来的。

图 43-1　护法诸神（局部之一）　莫高窟第 285 窟西壁中龛　西魏

图 43-2 护法诸神（局部之二） 莫高窟第 285 窟西壁中龛 西魏

北侧上方是全身黑色、三头六臂、骑在青牛背上的摩醯首罗天。其下方右侧是乘坐在孔雀上的四臂鸠摩罗天，头上饰有鲜卑童子髻。左侧是象头人身的毗那夜迦天，他一手握鼻头，一手持物，与鸠摩罗天并坐。

正龛南侧是三头八臂的那罗延天，三个头的颜色和脸上的表情各不相同，上举的四只手与头的颜色相呼应。其身下有两位着菩萨装的天神，右侧天神有三只眼，头戴宝冠，应该是帝释天，左侧天神正在捧花供养佛陀（图43-1、图43-2）。

◎不可错过　得眼林故事画　第285窟南壁

在古代印度的一个地方，有五百名强盗常常抢夺百姓的财物，非常可恶。国王得知后，遂遣兵伺捕。强盗与前来捉拿他们的官兵经历了一番激战，最终被俘虏。按照当地的律法，强盗们被施以酷刑，挖出双眼并放逐在深山中。疼痛与恐惧煎熬着强盗，他们在痛苦的哀号中苟延残喘，无依无靠。释迦佛以神力知道了此事，和弟子来到山林，向五百盲贼眼中吹入香山药。很快，失明的强盗们双目复明，毫无痛楚，得以开眼见佛。释迦佛医治好他们的眼睛，又为其说法，讲轮回报应，人生之苦。听闻佛法的强盗们决心弃恶从善，随后剃度出家，成为虔诚的佛弟子。

图.44　佛眼林故事画之作战图（步兵戎装）　莫高窟第 285 窟南壁东侧　西魏

这铺长达 6 米多的巨型故事画，描绘了多个场面。图中以 5 人指代五百强盗。手持刀盾弓箭的强盗正在与头戴鍪的官兵激战（图 44）。众官兵身穿绯褶白裤，腿裹行縢，脚蹬马靴，胸背金色裲裆甲，腰束带，骑铠马。征剿成功后，被俘挖眼的强盗在山中裸身放逐，他们或手捂双眼，或狂奔，行为癫狂。得佛陀救助复明后，强盗们衣冠整洁，毕恭毕敬地听法修行，礼敬佛陀。

画面中，强盗凄惨绝望的处境与鸟兽们在山川林木间自由奔腾、游玩休憩的状态，形成鲜明对比。

◎不可错过　山林场景　第 285 窟窟顶下方

山林中，这边黄牛在饮水，羚羊在欢跳，野猪在攀登山崖，狐狸在山头眺望；那边，山峰间野鹿跳跃，屋顶上公鸡搏斗，天空中仙鹤飞翔，猛虎扑山羊，饿虎窥白兔，还有登山去摘果的猕猴，拴住了腿脚的毛驴，猎人射野牛，胡人捕山羊……一派生机勃勃的山野景象中，静心禅修的僧人裹衣端坐，闭目进入禅定状态（图 45）。

画师用对比和反衬的手法，既强调了禅僧们修行境界之高，也为现实中的修行人描绘了他们求法路上心无旁骛的修行榜样。

图 45　山林场景　莫高窟第 285 窟南壁与南披　西魏

第 428 窟（北周）

这是北朝敦煌石窟现存最大的洞窟，也是敦煌石窟现存最大的中心塔柱窟（图 46）。窟内供养人画像的数量是敦煌石窟现存最多的，共绘有 1200 余身。四壁上部绕窟一周还贴塑将近 1500 身影塑，这也是敦煌石窟贴制最多影塑的洞窟。该窟中还出现了很多新题材，其中须达挐太子本生图是敦煌石窟乃至全国佛教本生故事画中的"大画之最"。因此，本窟是名副其实的北朝洞窟之最。此外，从部分供养人像榜题与历史资料结合，一般认为，第 428 窟很有可能是曾任瓜州刺史的北周名臣于义出资开凿，即"乐僔法良发起宗，建平东阳弘其迹"中的"建平公"。

这座洞窟不仅面积大，壁画种类也多样，故事画情节丰

经典洞窟巡礼

图 46　中心塔柱式　莫高窟第 428 窟形制　北周

富，形式完整，从踏入主室起，目不暇接是观者的直观感受。东壁门南绘制萨埵太子舍身饲虎的故事，按照时间和空间的变换，采用横卷连环画式构图展现连续情节。自上而下的"S"形走向，把画面分为三段，使图式化的故事发展脉络更加清晰流畅。

　　南壁画说法图和卢舍那法界人中像等内容。卢舍那法界是在佛的身上完整表示出佛教中的三界六道和世间的万事万物。这身法界像的构图形式和绘制方法，成为历代敦煌地区同题材图像的基本样式。

西壁画5座佛塔。正中是1座大塔，四周有4座小塔。大塔塔身上是1身禅定佛，2身菩萨侍立在侧，中间有释迦佛诞生的场面，下边绘4身金刚力士。小塔只有塔身，没有画人物。现在通常把这座塔定名为"五分法身塔"。

北壁壁画是佛教美术中常见的佛传题材：释迦佛降魔成道。虽然与北魏3例降魔图相比，这铺降魔变中魔众数量有所减少，但该图依然包含22个人物形象，其中两侧魔众有12身，这是早期敦煌石窟5铺降魔成道图中尺幅最大的一例。

本窟壁画绘制技法主要以多层次叠晕式晕染法表现人物肉体浑圆的立体感，这是龟兹的明暗法与汉式传统晕染法融合后出现的新方法、新风格。这种风格与十六国、北魏时期的西域式画法更接近，同时又吸收了西魏以来的汉式绘画特点。我们可以把北周洞窟中这种独特的绘画技法，看作西魏以后重新展露出的，有"复古"倾向的艺术风格和现象。

经调查，在本窟没有一个菩萨，没有一条边饰，没有一个供养人是完全相同的。要在面积约179平方米的大空间中，从四壁到顶部画满壁画，并且不单调、不重复，这对画师的专业能力有很高的要求。可见，绘制这座洞窟的北周画师们拥有相当精湛的技艺。

图 47　涅槃图　莫高窟第 428 窟西壁　北周

◎不可错过　涅槃图　第 428 窟西壁

涅槃图属于佛教美术重要题材之一。释迦佛的涅槃意味着佛陀的肉体虽然消失，但他的精神和倡导的佛法永存，升华的精神不生不灭，佛陀也成为永存的精神导师。据经文记载，年事已高的释迦佛在拘尸那国娑罗双树下横卧，平静地进入了涅槃。当时跟随佛陀的众弟子和闻讯赶来的在家居士围绕着佛陀，深感悲恸。

这铺莫高窟最早的涅槃图中充满了悲伤的情调。画面中释迦佛头枕方枕，身着红色袈裟，双手平伸，半仰卧于白色床榻上。佛陀身光背后有两排举哀弟子众，面露悲伤的神色。后排是着白衣的 11 人，深目高鼻，前排画 11 位身穿袈裟的比丘。释迦佛脚后有一位跪在地上的世俗人物也着白衣，正在用手抚佛足，应该是经文中所述的"百岁贫妇"。画中的人物表现方式与中亚佛教艺术中同题材内容相似度较高，很可能是受到中亚地区涅槃图的影响（图 47）。

◎不可错过　须达拏本生故事画　第 428 窟东壁门北

古代印度的叶波国国内，有太子名唤须达拏，他乐善好施，有求必应，帮助了很多人，深受臣民爱戴。敌国知道了须达拏太子心地善良，就收买了一位婆罗门，令其向须达拏乞讨百战百胜的国宝宝象，太子慷慨相施。国王闻讯震怒，将须达拏驱逐出国。

太子只得携着妻子，怀抱一双儿女，驱马车离开王宫，出城远去。路上遇到婆罗门多次向他们乞讨，太子遂将马匹、车辆和衣物逐一施舍殆尽。终于，太子一家千辛万苦抵达深山中，决定在这里结庐生活和修行。

然而，平静的生活没过多久，又有婆罗门前来乞讨，要求须达拏把一双儿女布施给自己。须达拏趁妻子不在，就把孩子交给了婆罗门。婆罗门带着两个孩子来到叶波国，在集

图48 须达拏太子本生故事画 莫高窟第428窟东壁门北侧 北周

市上将他们当作奴隶准备贩卖。国王得到消息，赶紧把两个孙儿赎回，又命人迎太子和太子妃回国。须达拏一家终于回到宫中团聚。

　　故事中的须达拏太子是释迦佛的前生，这是佛教中表现布施主题的著名本生故事，在印度现存最早的桑奇大佛塔上

就已经有精彩的表现。

　　该故事画内容较完整，画中人物着中原式衣冠服饰，建筑物也是汉式庭园。画中起伏的山峦、种类丰富的树木和简洁明了的房屋等客观环境，不仅分隔了故事中的诸多情节，也把人物的活动安排在特定场景中，使画面既易于观看，又更富有生活情趣（图48）。

早期敦煌壁画中，人物变色后的黑褐色面庞上常出现醒目的白鼻梁和白眼睛，形如"小"字，俗称"小字脸"。这种变色后呈现出的特殊现象，在本窟中有比较集中的表现。更有甚者，有三白脸：白鼻子、白眼睛、白下颌；有四白脸：白鼻子、白眼睛、白眉毛、白下颌；还有五白脸：白鼻子、白眉毛、白眼睛、白下颌、白嘴唇。

十六国、北朝时期的壁画敷染人物，用浅肉色涂遍人面及躯体裸露处，这是基本色。再用层层加深的肉红色沿肌肤边缘、眼球、鼻翼凹陷处叠绘二三次，每叠色一次都加深色度，形成深浅有别的色阶似的组合，然后在眼球、鼻梁等高隆部位加深白色表现高光。这与现代女性化妆时使用高光粉的道理一样。

凹凸法在早期敦煌壁画中仅用于表现人体。叠染色的深浅变化全依赖白色的多少，经过长年累月的变化，颜料中的铅与氧气结合，氧化后变色，致使脸部的肉粉色变成褐色、黑色或黑褐色。黑眼珠上的颜色褪去后，高光处的白色不变，就形成"小字脸""五白脸"（图49）。

在第428窟中，我们还可以欣赏到极少没有变色的人物画像，如南顶平棋岔角的数身飞天，至今完好如新。飞天

图 49　"小字脸"伎乐飞天　莫高窟第 428 窟南壁　北周

肉粉色的皮肤上，白色调自然减弱，增强了五官的立体感和肌肉的转折度。

第 290 窟（北周）

这是建于北周的中心塔柱窟，主室前部人字披顶上绘佛传故事画，后部平顶画平棋图案。

洞窟中央是中心塔柱，塔柱四面开单层龛，龛上部原贴有模制影塑千佛，可惜现在已经脱落，只留痕迹。塔柱的东、南、北三面龛内有塑像，都是 1 身倚坐佛和 2 身站立的弟子像，龛外两侧有 2 身菩萨。西面龛内塑绘 1 身交脚菩萨，两侧有 4 身彩塑菩萨像。

本窟的塑像多是北周时期的原作。与早期相比，塑像在人体比例上出现了明显的变化，有头略大、身体长、腿比较短的造像特点，呈现出全新的风格。佛陀的肉髻扁平，肩部比较宽，偏短的双腿上膝盖粗壮，是敦煌石窟北周时期造像的典型形象（图 50）。

四壁壁画色彩鲜艳如新。上段画 156 身飞天绕窟一周，

图 50　塑像　莫高窟第 290 窟中心柱正面龛　北周

图 51　供养像中的胡人驯马　莫高窟第 290 窟中心柱西向面龛下中间　北周

是敦煌石窟北朝窟中飞天最多的洞窟。四壁中段画千佛图，下段为供养人画像（图 51），最下方是奏乐和舞蹈的药叉群像。

　　壁画中呈现的西域风格特点，与北魏时期大不相同。人物面部不仅方圆而丰满，还更偏向圆实，整体有宽阔、舒坦之感。人物的衣带、头饰和头发呈现出饱满、厚实的形体质感。线条简练、形象准确的裸体飞天画在不易被人注意的洞窟后部平棋四角。宽袍大袖的伎乐天与供养人服饰相同，使天上与人间的距离，通过画工之笔而缩短，同处一室，交相辉映。

这座洞窟内的佛传故事共有 87 个画面，是早期故事画中情节最丰富的作品，也是早期敦煌壁画中主要的故事画之一。石窟中的佛传故事画大多选取一两个有代表性的情节来表现，本窟窟顶的故事画则完整地表现了释迦佛从诞生、出家修行直至成道的情节。

释迦牟尼，本名乔答摩·悉达多，大约生活在公元前 4 世纪，诞生于古印度侨萨罗国一个名叫释迦的附属小国，他的父亲是国王净饭王，母亲是王后摩耶夫人，属于印度的刹帝利种姓。作为一国太子，悉达多自出生以来，一直过着优渥的生活，接受贵族教育，年轻时就学识渊博，善于思考。

印度自古就有修行的传统，修行的方法及建立的门派也很多。太子悉达多也和其他人一样，会把一些修行方法当作日常的课程进行学习。但是，他性好思索，发觉自己并没有因为富足的生活和现有的学识与修行方法而解脱烦恼，反而对人生产生了更多疑问与困惑。因此，悉达多不顾家人反对，在婚后毅然离开华丽的宫殿，出家专心修行。在此期间，悉达多向几位著名修行者拜师学习，学到了更精湛的修行方法。然而，这些方法不仅没有令他脱离烦恼，他还因为苦行而消瘦虚弱，身心俱疲。

放弃 6 年苦行的悉达多，前往尼连禅河边的菩提树下专心禅修，进入禅定。终于，在克服诸如爱欲、忧恼、贪欲、昏沉、怯懦、自私、虚伪、追求名利和自赞毁他等自身的种种负面情绪和心念后，他找到了不再生起烦恼的方法，觉悟成佛。从这以后，悉达多太子被人们尊称为释迦牟尼，即释迦族的圣人，也被称为佛，就是已经觉悟的人，即通过正确的修行，使自己脱离烦恼的人。

此后，释迦佛开始了弘法传道的生涯，将自己修行成道的方法教授给他人。我们可以把佛陀看作一名老师，无论是专门修行的出家弟子，还是一边修行一边过着居家生活的在家弟子，都是他的学生。释迦佛的生平事迹和他教授的方法，都在他涅槃后由弟子们凭记忆口述集结，成为今天的"佛经"。他所教授的修行方法被称为"佛法"。

释迦牟尼原本是一位历史上真实存在的觉悟的人，不是虚构的神灵。后来，在佛教发展的过程中，关于释迦佛的一生，从佛母摩耶夫人受孕开始就伴随着种种神异传说，这些神异事迹大多是释迦佛涅槃后，他的崇拜者们为了使其神格化、浪漫化，而在漫长的岁月中逐渐加入的内容，最终演化成为我们今天看到的佛传。描绘释迦佛一生的佛传故事画，是根据佛经和相关注疏的内容进行创作的，文本中的神异色

图 52　佛传（局部之一）　莫高窟第 290 窟窟顶人字披　北周

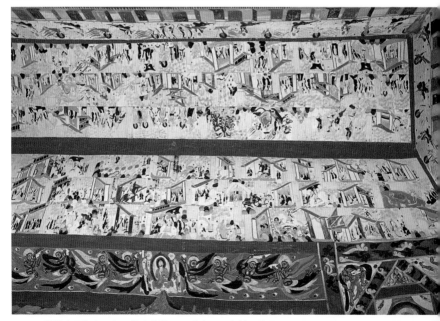

图 53　佛传（局部之二）　莫高窟第 290 窟窟顶人字披　北周

彩自然也体现在了佛教美术中。

第290窟中的佛传画主要根据《修行本起经》绘制，全部画在窟顶人字披上，东披与西披各以三段长卷画幅相连接，全长27.50米，如同连环画一样，共有6段画卷，可以称为最长的连环画。87个画面分为三个部分：第一部分以大量画幅表现悉达多太子不同于常人的事迹，以示太子出世之不凡；第二部分着重表现太子不重名位、坚持出家的行为；第三部分表现太子修行成佛、初次为他人说法的内容，称为鹿野苑初转法轮（或初说法）。

这铺佛传故事画具有浓郁的中国风格。故事采用长卷横幅构图，每一个画面旁有一方榜题用来标明画面所表现的内容，这是中国汉晋时期的绘画传统。画面中线描流畅而清晰，配合简淡的色彩，勾画出错落有致、疏密得体的建筑物，造型简练的人物在山水背景的映衬下愈发自然而生动（图52、图53）。画中共有人物200多个，除了神、佛、仙之外，世俗人物均着中原汉式衣冠：国王头戴通天冠、身穿交领大袖深衣袍；大臣头戴笼冠，也着深衣袍；嫔妃和宫女都穿着汉地妇女的交领大袖襦服和长裙。

图中的建筑几乎都是汉地式样：单体建筑由台基、屋身、屋顶三部分组成；成组的建筑以立体建筑为主，绕以曲尺

图 54　犁耕图　莫高窟第 290 窟　北周

形的围墙，形成一座座中式庭院。画中车舆和器物，甚至有些习俗也是以汉地的样式来表现，如摩耶夫人乘坐的交龙车，嫔妃乘坐的马车，盛甘露的瓮，以及国王、太子使用的伞盖和羽扇，都继承了汉晋绘画中的传统形象。丧车上绘有乘龙持节的方士，表示引导死者升天，为死者祭祀，这也是中国传统丧葬习俗在佛教壁画中的反映。此外，掷象、相扑、射铜鼓等画面内容表现了古代的竞技活动，是我们了解古代体育的生动图像资料（图 54、图 55、图 56）。

　　这铺佛传故事画通过宏伟的篇幅、细腻的叙事性笔调、强烈的民族风格，表现了释迦牟尼的一生。作为内容丰富、情节复杂、刻画精细的大型连环故事画，堪称敦煌石窟故事画之最。

5　射艺　莫高窟第290窟窟顶人字披　北周

6　执象与相扑　莫高窟第290窟窟顶人字披　北周

图 57　佛传故事之步步生莲　莫高窟第 290 窟窟顶人字披东披上段　北周

图 58　佛传故事之九龙灌顶　莫高窟第 290 窟窟顶人字披东披上段　北周

◎不可错过　佛传之一　*第290窟窟顶人字坡*

有天晚上，正在熟睡的摩耶夫人梦见了一位菩萨乘坐在六牙白象上，从天宫而来，下降进入自己的腹部。不久，夫人就发觉身怀有孕。按照印度的风俗，产妇要在娘家生孩子。于是，在侍女的陪伴下，怀胎将满十月的摩耶夫人回往娘家。途中经过蓝毗尼花园，夫人觉得身体不适，便徐徐来到园中休息。当她手攀无忧树枝时，太子从她的右胁诞生了。原来，太子不愿使母亲受到分娩之痛苦，从腋下降生了。

太子刚出生就能行走。他走了七步，每走一步，脚下就生出一朵莲花。他站在一朵莲花上，一手指天，一手指地，大声宣说："天上地下，唯我独尊。"这时，天上飞来9条巨龙喷洒甘露为太子沐浴。摩耶夫人和太子回到宫中，净饭王非常高兴，请来相师为太子取名乔答摩·悉达多（图57、图58）。

◎不可错过　佛传之二　*第290窟窟顶人字坡*

净饭王为太子敕建了春、夏、秋、冬四时殿。太子在优裕的宫廷生活中逐渐长大，不仅有众多侍者照顾他的日常起居，还有最好的老师为他上课。太子成年后，迎娶觉善王之女耶输陀罗为妻，并有了儿子。

可是，享尽人间富贵的太子总是闷闷不乐。一天，他在城外出游时看到人间有疾病、衰老和死亡等诸多痛苦，陷入了苦苦的思索。他想寻找一条解脱人间痛苦的途径。在19岁那年，太子悉达多决定出家，专心修行。

为了避免家人的阻拦，太子在一个夜晚悄悄离开宫殿，到遥远的山中开始了修行生涯，成为沙门乔达摩。沙门就是出家人、修行人的意思。乔达摩先跟着不同的老师学习了多种修行方法，虽然他能很快凭借自己的能力精通这些方法，但依然没有达到消除烦恼的感受。最后，乔达摩开始了苦行生涯，他每天只吃一点豆羹以维持生命。经过了6年的苦修，沙门乔达摩认识到苦修并不能解决问题，于是在尼连禅河中洗尽了6年的污垢，又接受了牧女布施的牛乳，慢慢恢复了体力。

此时，结束苦修的乔达摩想起当年自己还是太子的时候，有一次在王宫的大树下禅坐，当时自己的身心感受到了从未有过的平静与安宁，只是这种美妙的感受持续的时间不长。他决定重新尝试这种方法。于是，乔达摩在菩提伽耶的一棵毕钵罗树下开始禅坐。7天后，完全进入禅定的乔达摩，战胜了心中的一切魔障，终于体悟到身心极度平静、安宁的状态。这时，摆脱烦恼的释迦，成为觉悟者、开悟者，也就是

图 59　佛传故事之为太子修四时殿　莫高窟第 290 窟窟顶人字披东披下段　北周

图 60　佛传故事之逾城出家　莫高窟第 290 窟窟顶人字披西披下段　北周

图 61　佛传故事之初转法轮　莫高窟第 290 窟中心柱东向面上部　北周

佛陀。

通过自我修习的释迦族太子，被大家尊为释迦族圣人，即释迦牟尼。这棵毕钵罗树也因此改叫作菩提树，菩提的梵语意译即为觉悟（图59、图60、图61）。

第420窟（隋代）

这是建于隋代繁盛时期的覆斗顶洞窟，位于莫高窟南区中段上层，是我国隋代洞窟中的代表窟之一。

洞窟主室正壁是隋代比较多见的双层佛龛。南壁和北壁也各开凿一座佛龛，三龛内都绘塑一佛二菩萨3身像。这种窟形也称作三壁三龛窟，是隋代新出现的一种覆斗式殿堂窟。除了敦煌石窟外，我国其他地区的隋代石窟中也保存有相似度较高或相同形制的洞窟。

西壁正中的双层龛内是隋代彩塑的一佛二弟子四菩萨造像，塑像体型结实，形象端严，个性鲜明，有很高的历史价值和艺术价值。龛外南侧和北侧的上部画作都是维摩诘经变中的《文殊师利问疾品》内容。下部是宋代绘制的供养菩萨及供养器具。洞窟南北两壁绘有千佛图，中央各开出一个方口龛，龛内菩萨像上方有十大弟子画像，龛下为宋代重新描画的供养菩萨。

东壁窟门上方还有一铺说法图，窟门两侧画千佛图，下部是宋代重绘的供养人画像。

窟顶四披绘法华经变画，北披是《序品》（图62），西披为《方便品》，南披画《譬喻品》，东披绘《观音普门品》。《序品》中之"灵鹫山"、《方便品》中之"鸟兽听法"、《观音普门品》中之"商人遇盗"都是敦煌壁画中的代表作。这铺法华经变的内容、形式、风格与同时代第419窟法华变相似度较高。

◎不可错过　双层龛与彩塑群像　第420窟主室正龛

这座双层龛的内层龛口，浮塑龙首龛梁和莲花龛柱，又画出忍冬纹、联珠纹、火焰纹作龛楣。龛柱两侧各绘2身菩萨，形成以塑像为主、壁画为辅、两者结合的说法场面（图63）。内外层方口龛的结构形式，在视觉上放大了向内的延伸感，使佛龛内宽敞开阔。两侧的塑像在纵向布局上，以越向外形体越大的特点，加强了彩塑群像的整体透视效果。

整铺塑像都是高浮塑。塑像体格健壮，面相方满，形象端严，有头部略大、肩膀较宽、腿部略短的隋代塑像特点。简练写实的绘塑手法，减少了北朝时比较明显的宗教神秘感，

图 62 法华经变之序品 莫高窟第 420 窟窟顶北披 隋

图 63　菩萨　莫高窟第 420 窟西壁龛内北侧　隋

图 64　菩萨　莫高窟第 420 窟西壁龛内南侧　隋

更倾向于表现不同类型人物的具体性格特征：佛陀庄严慈祥，菩萨恬静婉约，弟子虔敬恭顺。

整铺塑像赋彩华丽，佛陀的袈裟和僧祇支、外层龛口处2身菩萨的长裙，都装饰了波斯风格的环形联珠狩猎纹图案，华美瑰丽。佛陀身后的头光、身光部分绘制出青绿重彩贴有金箔的图案，菩萨的项饰、披巾、裙衣也都装饰金边。阳光洒入洞窟时，重彩与金色互相辉映，更加灿烂绚丽，体现出隋代艺术臻丽细密之风尚。

立于佛龛口的4身菩萨像，婉约沉静。面部造型轮廓分明，眉棱、鼻棱转折清晰，洁白的脸，翠绿的眉，含笑的嘴，真是如天真少女般引人侧目。其中南侧内部的这身菩萨，因为他细嫩的肌肤在1400余年后依然白皙而光洁，被称为"永葆青春的菩萨"（图64）。

◎不可错过　飞天　第420窟窟顶北披

在四壁上部与窟顶相接处，还绘出百余身飞天。飞天一身接一身地从人字披最顶端相背飞翔，有的从窟后向窟前飞来，有的从人字披顶端向窟门飞去。她们大多披披帛，着长裙，拖着长长的飘带，有的手托莲花，有的双手合十，有的怀抱箜篌，有的弹奏琵琶，或漫不经心，或凝神专注，或迎

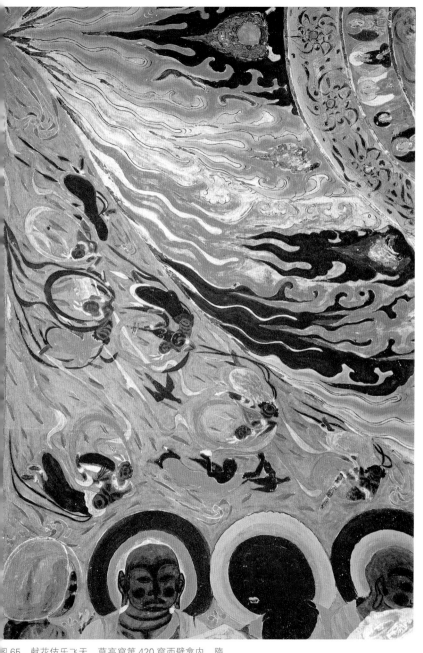

图 65　献花伎乐飞天　莫高窟第 420 窟西壁龛内　隋

风疾驰，或悠然而来，千姿百态，美不胜收。飞天的飘带配合流云营造出轻快飞动的效果，简练优美的造型、丰富变化的色彩十分动人。尤其是飘带和身后扬起的裙裾，包裹、缠绕着飞天灵活的身躯，身体的轻盈感和飞翔的速度感跃壁而出。

由于变色，天空的底色和飞天的肤色多成为深褐色，而飞天飘带和栏墙上的青金石依然耀眼夺目，犹如一道奇妙的色光，令飞天透出不可思议的神秘，营造出绚烂美好的梦幻意境（图65）。

◎不可错过　装饰纹样　第420窟西壁龛外北侧供养菩萨、东壁门上说法图

隋代敦煌石窟新出现的联珠纹在本窟中较为多见，描绘精致细腻。联珠纹大约在4世纪由西亚传入中国，隋唐时广泛流行。类似图案也常见于波斯（今伊朗）萨珊王朝（226—642）的艺术品中。联珠纹由若干白色圆珠连成环状，圆环内或绘骑士狩猎，或绘翼马，或绘对兽，或绘莲花。

西壁外龛两侧和东壁说法图中的菩萨锦裙上，也绘满精致的环形联珠纹。虽然纹样形体较小，颜色又有脱褪，但保存较为完整。可辨识出，在连环相扣的圆环中，中央是后肢

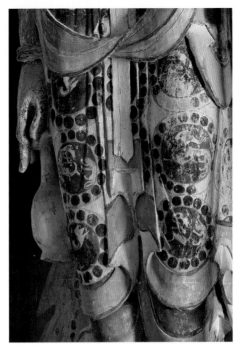

图66　菩萨锦裙的装饰纹样　莫高窟第420窟西壁龛外北侧　隋

向后翻腾的有翼天马，组成环形联珠翼马纹；或者在圆环中央画骑乘于大象背上的胡服骑士，持棒回身与猛兽相斗，是谓环形联珠狩猎纹（图66）。

尤其是东壁门上的说法图中，胁侍菩萨的环形联珠纹饰下方还有菱格彩帛纹样。这是用多种色彩交织绘就的，以表现织物质感和色彩的一种纹样。夺目的纹饰与图案带来的异域风情，配以土红的底色和耀眼的金箔，使说法图熠熠生辉，夺人眼眸。

经典洞窟巡礼

本窟外来装饰纹样的出现，是当时社会生活和流行服饰的真实写照，与隋朝经营河西、开通丝路，以及中西文化交流进一步发展有密切关系。

精华洞窟连接——第 419 窟（隋代）

第 419 窟营建时间略晚于第 420 窟，整体面积也较小。两座毗邻洞窟从题材内容到样式与技法的相似度都极高，并且保存状态良好，皆为隋代石窟中的精品。

第 419 窟平面呈方形，前部是人字披顶，后部为平顶，属于殿堂窟的一种。主室西壁造一座佛龛，龛内有一佛二弟子二菩萨的高浮塑造像，塑像造型浑厚，个性鲜明。塑像色彩对比强烈，是敦煌石窟彩塑代表作之一。

其中，佛陀结跏趺坐，右手上扬施无畏印，左手平伸作与愿印。佛陀的面相和身躯丰满圆实，神情庄严慈祥，身着田相格纹袈裟，质地厚重的袈裟衣摆层层堆叠在佛座上。

伫立于佛陀左侧、面容年老消瘦的是十大弟子中的迦叶，全称"摩诃迦叶"，意思是"大迦叶"。他少欲知足，修习"头陀行"，即苦行而成正果，所以称为"头陀第一"。迦叶是十大弟子中年龄较大的一位，因此我们在佛教艺术中所

图 67　塑像　莫高窟第 419 窟主室正龛内　隋

见的迦叶一般都是老者的形象。

　　敦煌石窟中，迦叶塑像最早出现于北朝时期，通常侍立于释迦佛的左侧。这身迦叶像脸盘方正，嘴唇干瘪，微启的双唇间露出稀疏的牙齿。满面皱纹，鼻翼两侧肌肉松弛，两眼深陷。他一手托钵，一手握拳，双手置于瘦骨嶙峋的胸前。工匠用夸张的手法，塑造出饱经风霜、历经苦修的老年高僧形象：虽然迦叶体形消瘦，相貌衰老，然而其展现的内在精神却是坚毅沉着、爽朗达观（图 67）。

　　释迦佛的右侧是阿难像。阿难，全称"阿难陀"，意译为欢喜、喜庆。他是释迦佛的堂弟，也是十大弟子之一。阿难陪伴释迦佛20多年，是十大弟子中听闻佛法最多的人。阿难天资聪颖，记忆力非常人可比，听闻的佛法大多记忆深刻，所以佛陀赞叹他是"多闻第一"。由于古代印度社会没有书写记录的传统，现在传世的早期佛经，不少是阿难在释迦佛涅槃后，凭记忆口述，再由其他弟子记录编撰而成。

在敦煌石窟，现存的阿难塑像大约也开始出现在北朝时期。佛教美术中通常把他塑造成少年或青年人的模样。这身阿难像着袈裟、踏麻鞋，头大身小，圆脸细鼻，神情沉静温顺。他双手轻捧莲花，似孩童得心爱之物般小心护持，专心玩味。整个形象透露出聪敏、俊秀、稚拙的孩提气质，与对面老迦叶的形象和神情恰成对比。

本窟壁画内容十分丰富。佛龛外南北两侧上部绘制维摩诘经变。人字披上是法华经变画、须达拏太子本生故事和萨埵太子本生故事。平顶后部有弥勒上生经变画、东王公和西王母（帝释天与帝释天妃），南壁和北壁中央还绘制了说法图。东壁、南壁和北壁绘制千佛图，大多数千佛头颈部贴绘的金箔还保存完好，相同姿势的千佛排列整齐，上下各有一色相错，斜看同色相连，形成了一道道色光和金光。

四壁上部绕窟绘多达百余身的飞天，她们绕洞窟一周翱翔，与龛顶和经变画中的数十身飞天一起，营造出佛国世界独有的活泼意趣。

◎不可错过 艺术特色 第419窟与第420窟

唐代张彦远在《历代名画记》中写道："中古之画，细密精致而臻丽，展、郑之流是也。"这就是画史上以展子虔、郑法士为代表的著名的"密体"绘画特色，是与画风淳朴、赋彩简练的北朝壁画完全不同的风格。这种画风在隋代中原地区盛行的同时，也开始流行于地处边陲的敦煌。隋代敦煌与中原地区的交流更加紧密和频繁，风靡中原的绘画艺术出现在同时期的敦煌石窟也不足为奇。

深受中原绘画艺术"密体"的影响，第419窟与420窟窟顶绘制的经变画和故事画极具特色。故事情节之间用高大的楼阁、院墙、树木和山峦作间隔，既保持了画面的独立性，又使各情节紧密相连。画面中，人与物之间几乎没有空白之处，构图饱满，描绘细腻。人与景的比例趋于合理，人物多在山石林泉、庭院堂阁间活动和交流。与早期壁画相比，隋代壁画中的写实性已经崭露头角，为唐代绘画重写实的大趋势做好了铺垫。

画面中，变色后的黑褐色与蓝色、绿色、白色交替呈现，

图 68　藻井图案　莫高窟第 420 窟窟顶　隋

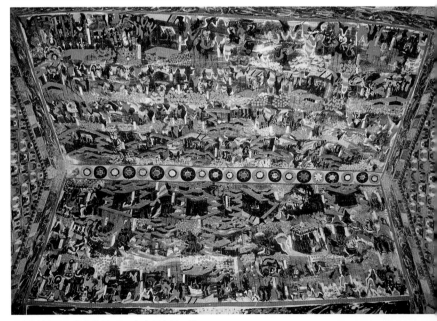

图 69　壁画　莫高窟第 419 窟窟顶东披　隋

晕染浓郁，赋彩华美，色泽鲜丽，形成了奇异又亮丽、神秘又纯朴的瑰丽色调。其中，夺目耀眼的蓝色就是青金石。据研究，隋代莫高窟的蓝色几乎都使用青金石而绘。正如《石雅》所说："青金石色相如天，或复金屑散乱，光辉灿灿，若众星之丽于天也。"纯粹而浓郁的蓝色青金石，有时像点缀在壁面上的亮丽星辰，亦如深蓝丝绒上的金色奇石，神秘高贵又金光璀璨。在古代，青金石价格高昂，主要产自今天阿富汗地区。隋代国势兴盛，与西域各国通好，商贸活动来往密切，大量青金石才得以在敦煌石窟渲染画壁，留存千载（图68、图69）。

第 303 窟（隋代）

早期石窟内常见的方形塔柱，在本窟被改造成须弥山形，形似上大下小的圆锥。这种洞窟形制是只在隋代出现过的须弥塔式中心塔柱窟，也称为倒塔窟，可能意在表现佛经中上广下狭的须弥山。须弥山塔下柱身凸出的座沿上，画一周漩涡状水波纹，墨线勾勒的鸭子穿梭其中畅游戏水，表现"须弥山王入海水中八万四千由旬，出海水上高八万四千由旬，下根连地，多固地分。其山直上，无有阿曲，生种种树，树出众香，香遍山林，多诸贤圣，大神妙天之所居止。"对于洞窟形制来说，它的出现可能有中心塔柱逐步蜕变的迹象，因为之后出现的隋代洞窟中，有很多连中心佛坛也没有了，渐渐演变为更常见的覆斗顶窟或殿堂窟。从这里也可一窥隋代力求变革、大胆创新的时代特征。

这座营建于隋代初年的洞窟，其面积并不大，窟顶后部中央与须弥塔式中心塔柱上部的倒塔连接处，绘出圆形鳞纹垂角幔帷，幔帷外四角各绘 1 身坐佛和 2 身供养飞天，外围一周套绘方形平棋，南侧、北侧和西侧是千佛图。

窟顶前部的东、西披处，根据《妙法莲华经·观音普门品》画出法华经变。东壁为观音菩萨"救诸苦难"的内容。观音菩萨以不同相貌化现于众生受难时，为不同心性的众人讲说佛法，度化大家，称为"观音菩萨三十三现身"。

须弥山形中心塔柱上原本饰有影塑千佛，可惜大部分已经损毁，只留下斑驳的印迹。须弥山下，彩塑四龙环绕在须弥山四周。中心塔柱下部座身上方的隋代男女供养人画像保存较好，是隋代供养人画像中的代表作之一。

洞窟四壁上方有天宫伎乐、栏墙、垂幔，四壁中间绘千佛，北壁东侧绘《妙法莲华经·见宝塔品》。四壁下方保存了隋代男女供养人，以及山林、动物和人物等精彩的风景与世俗生活画面。

图 70　倒塔状中心塔柱　莫高窟第 303 窟　隋

◎不可错过　须弥塔式中心塔柱　第303窟

这座须弥塔式中心塔柱，在流行于北朝的方形中心塔柱的基础上做了明显的创新。中心塔柱的下半部仍然保留方形，上半部则改作须弥塔状，直通窟顶，呈上大下小的圆形七级倒塔，上一级比下一级大一圈。上六级原本有影塑千佛，可惜现在已经残缺不全。最下一级浮塑出三层仰莲，有莲花中升出须弥山的意趣（图70）。

4条红色蛟龙支起上身，圆眼凝神仰首望向窟顶，大张的嘴巴中可见长舌微卷吐出，锋利的白色牙齿暴露在外。每身蛟龙都抬起一侧利爪，牢牢地托起莲花和须弥山。整个龙身向外侧倾斜，有拼尽全力之态，既表现出蛟龙的力量感和动势，也突出了须弥山的巍峨与雄伟。

蛟龙后爪下踩方形塔柱，塔柱四面各开一圆券形佛龛，龛内外的佛、弟子和菩萨像已经不是隋代原貌，但绘塑而出的龛楣，展现了隋代早期还带有北朝古朴风气的特点。

◎不可错过　供养人　第303窟中心塔柱座身及窟内四壁下部

中心塔柱座身及窟内四壁下部保存了146身隋代供养人画像，供养人身侧均保留了当时书写题记的榜题框。全窟的

图71　男供养人　莫高窟第303窟西壁　隋

供养人在方向、数量等方面都尽可能保持对称和均衡，部分画像侧身面向中心排列，产生一种向心力。

供养人中包括比丘、比丘尼和世俗供养人。世俗供养人的主仆形象刻画鲜明，除衣饰表明某种身份外，首先在形象大小上给予区别，主人形象很高大，仆人体型则很小，一目了然。也有以较小的形象表现主人家的孩童，可从衣饰、形态和位置等方面，与侍从形象进行区别。

在衣饰上，男供养人着圆领窄袖束腰长袍，女供养人着披风和交领宽袖襦衣长裙，侍女着窄袖衫襦。男女供养人也有穿翻领宽袖或窄袖大衣的，还有的男供养人头戴卷檐毡笠。

从这些供养人像的衣饰可以看出，隋朝的贵族妇女在穿着打扮上，依然受到魏晋遗风的影响。

其中，西壁男供养人着襕袍和头戴的卷檐毡笠很有特色，值得注意（图71）。襕袍应是汉装中大袖长袍的深衣，结合胡服圆领、窄袖的特点而形成的一种新的服装。他们头上所戴的卷檐毡笠帽，又叫"白题"，是少数民族的"首服"。帽子中央隆起，周边设檐卷而向上。这种帽子由羊毛制成，御寒保暖的效果更好。图中供养人戴胡帽着汉装，互相混合

图72　山峦及树林　莫高窟第303窟南壁下部　隋

穿戴的情况，在河西魏晋墓葬美术遗存中也有体现。可见，西北地区自古就是多民族聚居地，各民族风俗相互影响和同化的现象不免体现在他们的穿着打扮上。

◎不可错过　山水画装饰带　第303窟四壁下部

洞窟四壁最下层的环形装饰带中全部绘山水，共描绘数十座山头和多种树木及动物。高30多厘米的画幅，若把四壁长度合起来，就成为13.45米长的山水画，比现存故宫的

宋代王希孟《千里江山图》还要长。可以说，这是我国现存中古时期年代最早、画幅最长的山水画。

山林间，这边奔跑着野鹿、野猪，那边野狼在觅食，猎人拉弓狩猎，还有人攀树摘果子。林中树木品种繁富，多姿多态，山石奇形怪状、层次丰富。有一些挺拔而立的树和我们今天在沙漠绿洲中常见的白杨树很相似。还有的山石与树木的形状和画法，与北周洞窟中的一些山峦树木很接近，这很可能是因为，生活在当地的历代画师把莫高窟四周常见的山石和植物描摹在了洞窟中（图72）。不同的是，北周的山水、植物都在各种故事画中以配角的身份出场，到了隋代，山水画已然发展为独立的画种。

第305窟（隋代）

这是一座覆斗顶洞窟。北壁龛下有"开皇五年（585）正月"的发愿文残迹，因此也叫"开皇五年窟"。

本窟前室大半已坍毁，主室呈平面正方形，正中有一座较高的方坛，坛上留存的塑像在晚清重修、重绘过。覆斗形窟顶主要模仿莫高窟第249窟的内容和样式。中央是叠套抹角的斗四方井，绘饰出莲花井心华盖式藻井，四角画飞天，

图 73　覆斗形窟顶　莫高窟第 305 窟形制　隋

装饰流苏纹样。东披和西披有摩尼宝珠及飞天，南披和北披分别画西王母与东王公（帝释天妃与帝释天）。整个窟顶天花如雨，流云飞动，飞天乃至比丘都翱翔其间，祥龙与瑞凤驾车如风驰电掣，艺术感染力极强（图73）。与前代相比，神话题材中的人物和相应的情节明显有减少和简化的趋势，到唐代以后该题材就几乎不再出现。

洞窟四壁画千佛，西、南和北壁中部各开一座圆券形龛，四壁下部绘隋代供养人画像和三角垂帐纹，相似的搭配样式在同期其他洞窟中也有体现。

◎ 不可错过　东王公与西王母（帝释天与帝释天妃）　第305窟窟顶北披、南披

有研究认为，东王公与西王母的图像在西魏时期的敦煌石窟中已经出现，也有研究指出，这组图像应该是来自印度教中的帝释天和帝释天妃，但其形象呈现中国化特征。

东王公和西王母本是我国传统神话中的角色，佛教石窟壁画只是借用他们的形象来表现天界的奇幻场景，这也是佛教艺术中国化的体现。如果是第二种说法，则是壁画中出现了印度本土文化元素，具有更强的佛教艺术属性。

本窟所绘制的东王公和西王母（帝释天和帝释天妃），

图 74　东王公　莫高窟第 305 窟窟顶北披　隋

图 75　西王母　莫高窟第 305 窟窟顶南披　隋

是隋代诸窟中的代表作。画面中绘四龙驾车而行，东王公（帝释天）着汉装大袖长袍，袖手伏案而坐（图74）。西王母（帝释天妃）乘坐四只凤凰拉着的步辇，扶几持麈尾而坐（图75）。龙车和凤辇的上方都有一顶富丽的华盖，其帷幔、流苏和彩幡迎风向后飘动。东王公与西王母（帝释天和帝释天妃）的身侧均站立一位童子形羽人的御者，他竖耳似兔，手臂与腿上各生出羽翼。车前和辇后有乌获击鼓拥护，飞天或起舞，或撒花，或演奏乐器，或手捧贡品，天花流云，飘扬动荡，营造出清虚缥缈的境界。在天花旋转、云彩飞扬的画面中，还能找到几位比丘相貌的飞天。这些飞翔的比丘和其他飞天一起，作为队伍中的持节方士，簇拥着主角遨游于天界。

◎不可错过　飞翔比丘与飞天　第305窟窟顶四披

　　身体轻柔的飞天，多姿多态，潇洒自如地翱翔在窟顶上，他们多为腰身纤细的女性样貌，体态婀娜，神情娇羞，或手捧熏炉跨步飞奔，或手托花盘徐徐抛撒天花，或手持长巾翩然起舞（图76-1、图76-2）。

　　还有飞翔比丘着右袒裂裟，有的手握莲花束向前飞行，有的抬起手臂回首招呼同伴，有的手捧经书认真诵读。比丘

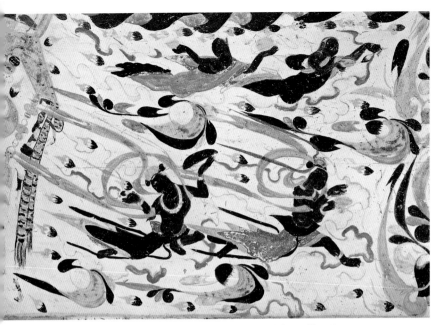

图 76-1 飞天与比丘（局部之一） 莫高窟第 305 窟窟顶四披 隋

图 76-2 飞天与比丘（局部之二） 莫高窟第 305 窟窟顶四披 隋

在云气缥缈、天花飞旋的浩瀚天空中，自由、活泼、奔放地翱翔，一改往日专心修行、研读佛经的肃穆形象，甚至还隐约透露俏皮和灵动的气质，意趣横生（图77）。

整个窟顶多以石青、土红、黑色和白色描绘，设色清淡奔放，加之富有飞翔之意的流云与飘带，勾画时多以曲线和锐角表现其轻盈灵动之势。当我们抬头望向窟顶，就被带入仙气缥缈、跃动轻快的氛围中，似乎整个洞窟都流淌着云气，飘散着香花。

第 407 窟（隋代）

这座覆斗顶窟的藻井图案，是敦煌壁画中极具代表性的三兔莲花飞天井心，窟顶四披铺满垂角幔帷。

主室西壁开双层方口龛，内层龛顶部画 8 身飞天在缥缈云气和朵朵莲花围绕中遨游。龛内绘忍冬火焰纹佛光，佛光设色艳丽夺目，热烈奔放又显古朴，是隋代洞窟特有的气度。外层龛顶画莲花化生摩尼珠龛楣和 4 身飞天，龛内西壁两侧画龛梁和龛柱。佛龛周围另绘多身飞天和供养菩萨，营造佛陀说法时漫天花雨的法会场景。

东壁窟门上方绘说法图一铺，画面虽有变色现象，但总

图 77　飞天　莫高窟第 305 窟窟顶四披　隋

体保存良好。流畅有力的线条，描摹出神采奕奕的人物形象，又体现了敦煌隋代壁画特有的绘制技法：既有中西合璧的敦煌式西域晕染法，层次多、立体感强；也有中原式的秀骨清像晕染法，简单明快，有色感和立体感兼备的特点。

沿洞窟下部一周的供养人画像中虽可见部分重绘的宋代供养人，但隋代供养人画像保存的数量比较多，是珍贵的人物礼仪画和隋代服饰图像资料。

◎不可错过　三兔藻井　第407窟窟顶

三兔莲花飞天藻井的井心宽大，中央为一朵圆轮状倒挂双层八裂瓣大莲花。花心处的3只兔子都各自只画1只耳朵，首尾相接，合成一个三角形，三角形中的每只兔子仍然各有两只兔耳。整体来看，3只奔跑的兔子合成了一个相互追逐的封闭空间，形成自由活泼的旋动感。

藻井图案中除了常见的飞天形象，围绕三兔的莲花四周还有两身飞翔的比丘和童子像颇引人注意：比丘着右袒式袈裟，童子裸上身，颈戴项圈，有的手持莲花，有的手捧供盆。

细细望去，飞天和童子的双臂都缠绕披帛，以此表示正在飞翔。比丘的飞翔感则是以一圈云气环绕周身来表现。画师以这两种不同的方式表现"飞动"，一是为作品细

图 78　三兔藻井　莫高窟第 407 窟窟顶　隋

节带来变化，二是以此体现比丘身为佛教三宝之一的特殊身份。

方井周边又绘出垂角形多层垂幔和流苏，以土红、赭石、褐色及石青和石绿为底，再用白线勾画各种忍冬纹，形象自由活泼，色调明快爽朗。站在洞窟中央，仰首欣赏窟顶，藻井边缘的流苏好似在飘动，在飞舞。流苏的动势与井心中央相互追逐的三兔彼此呼应，整个藻井彰显出动静结合的设计理念（图 78）。

第 96 窟（初唐）

九层楼是莫高窟的标志性建筑，来到敦煌一定不会错过这座依山而建的楼阁，更不会错过九层楼中创建于初唐时期的第 96 窟与大佛像。

本窟是典型的大佛窟，民间也称大佛殿。所谓大佛窟，就是有巨型佛像的石窟，也是敦煌石窟比较特别的洞窟形制。本窟直通崖顶，高 40 米，依山崖凿塑出敦煌石窟中最大的塑像——高 35.5 米的倚坐弥勒佛像。它的高度仅次于四川乐山石刻大佛（71 米）和四川荣县石刻大佛（36 余米），居全国古代修造坐佛第三位。在古代泥塑佛像中，这尊大佛的高度为全国之冠。

684年，武则天当政。为了讨好她，她身边的亲信伪造了《大云经》和《大云经疏》。经、疏中都说道，武则天是弥勒佛下世，"当代李唐，入主天下"。武氏看后甚为欢喜。690年，武则天登基称帝后，自称"慈氏越古金轮圣神皇帝"，下令全国颁布《大云经》和《大云经疏》，在各州县建大云寺，敬造弥勒佛像，风靡全国，敦煌地区弥勒信仰也因此更为兴盛。

695年，本窟在这样的历史背景下开凿，当时将此窟称为"北大像窟"。初建时，窟内除了大像外，壁面也绘满壁画。五代后，敦煌遭遇强地震，该窟由于面积较大，受损比较严重，窟内壁画都掉落损毁，大佛像也毁于此时。现存的佛像是后代重修的作品。所幸，原作石胎在地震后得以幸存，因此原像的身材比例和基本姿态得以保持。本窟的营建，是莫高窟历史上的一个创举，也是唐代前期国家强盛、社会稳定和经济繁荣的象征。

1999年，敦煌研究院考古人员对第96窟窟前和窟内进行发掘，发现了现在看到的初唐、西夏、清代等时期"北大像"窟前殿堂遗址和窟内的洞窟地面，以及元代时期的洞窟地面。此外，还出土了大量遗物，例如铺地砖、鎏金青铜菩萨像、木雕像等。

◎不可错过　九层楼　初唐—现代

这是一座红色木构建筑，俗称九层楼。楼阁依崖就窟而建，拔地而起，高45米，位于莫高窟石窟群的中段，气势巍峨，甚为壮观。九层楼下八层为五间六柱大型两角窟檐，檐角上翘，有线脊，下垂风铎。第一层正对本窟巨型窟门，第四层和第七层各对洞窟的明窗，第九层为八角顶，上竖3米高的宝瓶，第96窟和北大像即以九层楼楼顶相覆，三者共融一体。

九层楼历经唐代、宋代、清代、民国及现代的重修，最初的建筑原貌已很难得知了。据现存莫高窟的几块碑文和藏经洞出土文献记载，武周初建大佛时，九层楼本为四层建筑，至今重修过五次。

第一次是晚唐乾符年间（874—879），沙州归义军节度使张淮深出资重建，改四层为五层。第二次是宋乾德四年（966）沙州归义军节度使、托西大王曹元忠及其妻凉国夫人浔阳翟氏在莫高窟避暑时，命人将下两层糟朽梁和柱，拆换后重建，上三层仍保存原建筑。第三次是清光绪三十四年（1908），敦煌商民戴奉钰集资重修，历时6年，由五层改

图 79　1908 年的九层楼　伯希和档案图片

为七层（图 79）。第四次是 1928 年，敦煌刘骥德等人和莫高窟住持喇嘛易昌恕等人，募化集资重建。这次重建用时 8 年，是工程最大、历时最长的一次重建，改七层为九层，于 1935 年建成。重建后的九层建筑飞檐依山而立，风铎悬响，梁木交错，巍峨壮观。第五次是 1986 年，敦煌研究院重修、重换了第八、九层断裂的梁木，还揭换了脊瓦，修筑了保护围墙。这次重修后就是我们今天看到的檐牙高啄、轮廓交错的九层楼（图 80）。

图 80　现在的九层楼与洞窟外部崖面

◎ *不可错过　北大像　第 96 窟*

这是敦煌石窟第一大塑像（图 81）。据藏经洞 P.3720《莫高窟记》记载，北大像及洞窟由禅师灵隐和居士阴祖等人于武周延载二年（695）建造。佛像就崖镌刻石胎，外敷草麻泥，然后塑形上彩。大佛的身躯倚山崖，双腿下垂而坐，脚踏覆莲，着僧祇支及土红袈裟，目光下视，仪容端庄，高大威严，具有一种震慑人心的气势和威力。

大佛右手上扬作施无畏印，意为拔出众生的痛苦；左手平伸作与愿印，意为满足众生的愿望。佛的脸庞丰满充实，

图 81　北大像　莫高窟第 96 窟　初唐

低低的肉髻刻着波浪纹，表现手法与龙门奉先寺大佛比较相似。

地震虽然损毁了该窟的壁画和窟檐，但大佛是依崖而雕造的石胎，没有受到巨大破坏，所以其身体比例与坐势姿态还保持了唐朝风貌。1928年重修窟前木构建筑时，曾重新妆銮大佛，彩绘僧祇支及袈裟，并在袈裟垂裾边沿绘清式云龙纹。现存的大佛双手则是敦煌研究院于1986年重修。

这尊佛像表现的是弥勒佛，"弥勒"为梵文音译，意译为"慈氏"，是佛教中的未来佛。佛经记载，先佛入灭上升兜率天宫的弥勒菩萨，于现在佛释迦牟尼涅槃56.7亿年后降生人间，在华林园龙华树下成佛。弥勒世界是一个理想的太平盛世，因此人们急切地盼望弥勒能够早日下生娑婆世界成佛，带来一个美妙的世间净土。这也是古代佛教艺术热衷表现弥勒菩萨和弥勒佛题材的主要原因。

精华洞窟连接——第 130 窟〔盛唐〕

这是建于盛唐的大佛窟。据藏经洞 P.3720《莫高窟记》及 P.3721《杨洞芊列记敦煌古事》记载，本窟由僧人处谚与敦煌人马思忠等于唐开元九年（721）开始营建。又根据此窟甬道壁面上的供养人像晋昌郡太守乐廷瓌题记内容，得知此窟全部竣工应当在玄宗天宝年间。由此推断，整个洞窟的营建历时三十余载（图82）。

窟内主尊塑像是高26米的倚坐弥勒佛像，是仅次于莫高窟第96窟北大像的敦煌第二大佛像。因为这尊佛像位于北大像之南，故在唐代时被称为南大像，亦为依山崖镌刻的石胎泥塑。

佛陀身躯倚崖而坐，双腿下垂，脚踏仰莲，左手抚膝，轻

图82　崖体加固前的莫高窟第130窟外景

柔自然。右手作施无畏印，佛头微俯，双眼微合下视，脸庞丰满，略含笑意。整个塑像比例适度，神态庄重慈祥（图83）。

洞窟四壁为重层壁画。南壁和北壁各有一身高8米的盛唐菩萨画像，为莫高窟最大的菩萨像，原色含有铅粉致使氧化，现在已变为褐色。东壁表层是北宋、西夏时期重新画的多身菩萨像。下半部的底层露出盛唐时所绘涅槃经变的部分画面。窟顶呈覆斗形，有北宋、西夏时浮塑的团龙华盖藻井。

本窟空间大，甬道也很宽阔，甬道顶部左右两侧各有一座盛唐时所建的小窟。甬道北壁画天宝年间晋昌郡太守、墨离军使乐廷瓌及其侍从的供养像，画面虽有损坏，但仍可辨识。盛唐时期的刺史官服和佩饰都可以根据这铺壁画考据，是不可多得的盛唐服饰图像资料。

南壁画乐廷瓌夫人太原王氏及其女儿，还有侍从等人的供养像。王氏夫人体态丰腴，发髻簪花，衣着华丽，雍容华贵，神情虔敬。绘制这两幅供养人画像的画师功力深厚，画面人物描绘精美，用笔纯熟流畅，设色艳丽华贵，与传世《虢国夫人游春图》《簪花仕女图》中所见人物风格相近，为盛唐巨型人物画中的精品（图84）。可惜画面因重绘时遭到一定破坏，加之风沙磨蚀，现在已经很模糊了。

图 83　弥勒大佛　莫高窟第 130 窟　盛唐

图84　都督夫人礼佛图（局部）　莫高窟第130窟　段文杰临摹

　　本窟窟前原建造的木构建筑已毁，现在仅存清代重修的顶层，即第三层窟檐及第二层木栏，底层仅存崖面梁孔、椽眼遗迹。1979年，敦煌文物研究所考古研究室在本窟窟前地下3米处发掘出西夏时期的木构殿堂遗址，及相关遗迹和地神塑像、天王塑像残腿。依据这些发掘资料，结合崖面梁孔、椽眼大小及高度，可以知道西夏时期本窟窟前应该还有脚踩药叉的四天王彩塑像。

第 323 窟（初唐）

这是建于初唐的一个中型覆斗顶洞窟，分前后两室，前室为平顶。主室西壁开一平顶形方龛，龛内塑像及假山为清代重修，重修的山峦影壁与龛外南、北壁画面中的山水相连。窟顶藻井绘团花井心，四披绘千佛。窟中窟顶、龛顶及其他三壁上的壁画为初唐原作。

东壁窟门南、北两侧是佛教戒律画，画面以组画形式绘制，每幅画面均配有榜题。画中内容比较全面地表现了僧人为专心修行应守的戒律，例如"八戒"中的"不涂饰打扮""不眠华丽大床"等。以如此详尽的篇幅描绘戒律主题的绘画作品，在莫高窟仅此一件。

南壁和北壁的佛教史迹画多据历代佛教典籍及史书中与佛教相关的传说而绘制。这组壁画以朝代为顺序，讲述汉代经吴、西晋、东晋至隋代的故事。画面从北壁西部延续到东部，接着从南壁西部延续至东部，整组壁画非常重视历史的连贯性和阶段性，并在榜题中注明所绘事件的时代。画面的背景是一幅连贯的山水画，以山水统摄全图，在山水画分隔出的空间里，描绘具体故事场面。

北壁佛教史迹画有：（1）张骞出使西域图；（2）释迦

图 85　隋文帝迎昙延法师入朝图　莫高窟第 323 窟南壁东侧　初唐

浣衣池与晒衣石图；（3）佛图澄之神异事迹；（4）阿育王礼拜外道尼乾子塔；（5）康僧会感应事迹。南壁的佛教史迹画有：（1）西晋吴淞江石佛浮江图；（2）东晋扬都金像出渚图；（3）隋文帝迎昙延法师入朝图（图85）。其中，东晋杨都金像出渚图的大部分内容，在1924年被美国人华尔纳用特质胶水粘下盗走，现存墙面上留下了一块显眼的空白。

◎不可错过　佛图澄幽州灭火故事（佛图澄神异事迹之一）　第323窟北壁

佛图澄是西晋末至后赵时的西域高僧，精通佛典经论，后赵皇帝石虎将他尊为国师。根据南梁时期慧皎所撰《高僧传》卷九记载，佛图澄善诵神咒，役使鬼神，观面相知人意等，所以历代佛教徒撰写了很多佛图澄的神异事迹。"幽州灭火"为其中一例（图86）。

有一次，佛图澄正在为石虎说法，忽然有人报告幽州四城门发生大火，众人大惊。佛图澄与正在听法的石虎等众人向幽州城门的方向张望。这时，佛图澄端起桌上的酒杯，抬臂把酒洒向空中。顷刻间，天上乌云密布，直逼幽州城门。接着，大雨如注，不一会儿浇灭城门大火。原来，是佛图澄

图86　佛图澄幽州灭火故事　莫高窟第323窟北壁　初唐

使出神力以酒幻化成大雨扑灭大火。

　　画面中一位王者（即石虎）凭几坐于胡床上，身旁有6位朝臣侍立，佛图澄立在案几前，右手端碗，左手指尖有乌云腾飞而出。画面右上方有一方城，城中烈焰升腾，四门起火。城上乌云密布，云中降滂沱大雨。

　　◎不可错过　张骞出使西域图　第323窟北壁

　　根据这铺故事画榜题所记，汉武帝在元狩年间派遣大将霍去病、卫青与匈奴作战时缴获两身祭天金人像。回朝后，二人把这两尊佛陀金像敬献给汉武帝。汉武帝将其视为"神像"，遂将丈余高的金像供奉于甘泉宫内，带领大臣常去拜谒。因不知金像名号，汉武帝派遣张骞出使西域询问此事。

画中榜题所述历史，或有讹误，或为附会。张骞受汉武帝派遣出使西域，此事本与佛教无关。唐人为何将这两件事相联系，现在不得而知。画中故事，现在最早见于《魏书》卷一一四《释老志》中，后世又有佛教相关文献因袭其说。

壁画以全景式连环画构图详尽地描绘了这则故事，共有5组画面（图87）。

第一组，汉武帝手持香炉，在有"甘泉宫"匾额的宫殿外跪拜顶礼金人，他的左右共立6位臣属，也躬身合掌，持笏顶礼。

第二组，武帝等人的上方宫殿内有2身立佛，大殿门口上方的匾额上依稀可辨"甘泉宫"。这两组画面表现的是汉武帝获得金像和与朝臣礼拜的情景。

第三组，张骞拜别武帝，赴大夏国（今天的伊朗、阿富汗一带）求金人像名号，其后有侍从数人牵马，或执曲柄华盖。华盖下的汉武帝骑在马上，身后有数名臣属。

第四组，张骞骑马在前，二侍从持旄节骑马随后，穿行

图 87　张骞出使西域图　莫高窟第 323 窟北壁　初唐

在荒无人烟的山峦中。

　　第五组，远处有一座西域城池，即大夏国。城内佛塔高耸，城外有两位僧人向城内观望。

　　画中武帝拜金人及张骞别武帝的情节居画面主要位置，张骞一行在旅途中的情形及大夏国城在画面的左上角。张骞等人的旅途过程以山峦作间隔，每过一座山峰，队伍就出现一次，人物亦由大渐小，以此表示队伍远去。敦煌壁画中运用透视原理进行的近大远小作画，始于本窟。

第 45 窟（盛唐）

　　盛唐时期营建的这座洞窟，形制为覆斗式窟。洞窟前室残存五代时期所绘的观音菩萨像、毗沙门天王赴会等题材的壁画，因多年曝晒，色、线都有所褪。甬道的南壁、北壁及顶部，现存五代时期所绘制的经变画、佛教史迹画以及瑞像图。

　　主室窟顶中间绘制团花井心。西壁敞口龛内是一铺 7 身彩塑造像，彩塑形如真人，释迦佛庄严肃穆，迦叶老成持重，阿难温顺恭谨，观世音和大势至菩萨健美热情，南、北天王

图 88　法华经变之观世音菩萨普门品（观音经变）　莫高窟第 45 窟南壁　盛唐

威武雄健，脚踩地鬼。整铺塑像写实性较强，对人体线条与肌肉的塑造精准又生动。

南壁是根据《法华经·观世音菩萨普门品》绘制的观世音经变（图88）。这铺经变画通壁而绘，居中为男身观世音菩萨立像。菩萨神情庄重慈祥，面容白皙，丹唇吐焰，翠眉入鬓，嘴角有石绿色蝌蚪状小胡须，发髻高挽在头顶，头戴化佛冠。菩萨像的两侧上部画观世音化现成33种不同相貌说法、度化众生的场景，下部画观世音救苦救难的情节，其中有胡商遇盗、航海遇难、狱中囚犯求解脱、求男得男、求女得女等。这些画面生动有趣，反映了唐代世俗生活、民情风俗、刑法制度、衣冠服饰等各方面的现实内容。

北壁根据《观无量寿佛经》绘观无量寿经变。中间是净土说法图，画西方三圣，也就是无量寿佛、观世音与大势至菩萨的尊像，周围是身处楼台亭榭中的众多听法菩萨，两侧绘制了条幅式的经变故事画《未生怨》和可以往生西方净土的16种观想方法。

◎不可错过　彩塑　第45窟主室西壁龛内

这铺彩塑以结跏趺坐的佛陀像为中心，由近至远，按身份等级侍列成对的弟子、菩萨和天王。塑像身后又以绘画形式表现众菩萨行列，扩大了龛内空间，构成了全窟中心。

居于龛内中心位置的释迦佛脸型丰满圆润，两眼细长，穿僧祇支与袈裟，结跏趺坐，左手抚膝，右手举起，正在给众弟子说法。佛左侧为老弟子迦叶，他阅历丰富、庄重练达的神情与对面年轻弟子阿难的潇洒虔敬、聪明睿智形成鲜明对比。两身胁侍菩萨面带微笑，温婉慈祥，肌肤洁白如玉，身姿婀娜，全身作"S"形扭曲，表现出女性的妩媚。威武的两身天王，与弟子、菩萨的形象形成对比，在相似的姿态中，表现了全然不同的面部表情。

这7身塑像个性鲜明，动态多样，衣着华丽，展现出人物不同的性格特点。造像的衣饰、动态、表情，以至细微之处，均布置周密、处理精细，表现出工匠高超的艺术功力（图89）。

◎不可错过　释迦牟尼像　第45窟主室西壁龛内

佛像右手上举，左手抚膝，结跏趺坐在须弥座上说法。头顶高耸螺纹肉髻，宽和的面貌，肥大的耳朵，圆弧似的双眉，长长的眼睛，饱满秀巧的嘴唇，丰腴的下颌，宽厚的胸膛，神情慈眉欢颜，躯体丰厚肥硕，仪态庄重大度（图90）。

这时期的作品受到长安艺术家们注重写实、重视人体结

图 89　彩塑　莫高窟第 45 窟西壁　盛唐

图 90　释迦佛一铺　莫高窟第 45 窟西壁　盛唐

构和动态的影响。因而，这尊慈悲的佛陀像，减少了神秘的神性特质，更多地体现了人格美和真实可感的人间气息，流露出人间王者的风范。

此外，塑匠以精湛的技艺，用泥土、草麻完美再现了佛陀袈裟的质感和美感。袈裟随着佛陀的身躯起伏，搭附在双臂处，包裹于双脚上，表现出袈裟的柔软和轻薄。袈裟又如流动的瀑布从佛陀膝头流向佛座，倾泻而下，表现出袈裟顺滑如水的质地和流动感。铺在佛座上的衣摆垂在半空中，还展示出袈裟韧性十足的垂坠感。这铺塑像从人物的内在精神到物质的外在刻画，都堪称中国中古艺术之精品。

◎不可错过　阿难、迦叶像　*第45窟主室西壁龛内*

阿难上身后倾，腰胯微向左侧斜靠，两手相交抱于腹前，头部右倾微俯，举止闲适潇洒。面部塑造得英俊秀朗，神情聪明，又含有恭顺、腼腆的神态。他身披红色袈裟，内着淡绿色僧祇支，明亮华丽的锦绣裙襦和色彩热烈的袈裟，更为青年僧人的俊秀之美增添朝气（图91）。

迦叶内着锦襦，外披绘有花纹金边的袈裟。这种田相格山水衲以黑色画田界，染以青绿色块，色块涂染笔法自由豪放，颜色浓重。迦叶神情老成练达，沉毅矜持，胸部半袒，

图 91　阿难　莫高窟第 45 窟　盛唐 　　　图 92　迦叶　莫高窟第 45 窟　盛唐

俯首直立，面貌清癯，嘴唇抿合，嘴角深陷，浓眉皱结，虽然双眼下视，但遮挡不住炯炯目光。工匠通过颀长硬朗的身材，富丽华贵的衣衫，轮廓清晰的长脸，宽阔饱满的额头，以及面部五官处处呈现出的若有所思的表情，塑造出一个资历高深、精研佛法、思想深邃、令人敬仰的高僧大德形象（图92）。

◎不可错过　胁侍菩萨像　第45窟主室西壁龛内

南北两侧的胁侍菩萨造型相似，身材修长，呈"S"形，亭亭玉立、婀娜妩媚，体态丰盈健美，肌肤莹润细腻，面相丰腴圆润。他们云髻高耸，长眉入鬓，双目微启，眉目间似笑而非笑，神情恬静慈祥。两身菩萨均赤裸上身，胸佩黄金璎珞，上身斜贯红色锦披，腰束轻薄的锦绣罗裙，轻柔的长裙从两腿间向后飘扬，表现出丝绸的柔软质感。色泽艳丽的裙裾上绘有团花与卷草，又饰以金箔，装饰出华贵之感。两身菩萨像的造型、动态、面相和神情高度和谐统一，塑造出人们理想中慈悲为怀、垂怜众生的菩萨形象（图93）。

普度众生的菩萨还展现出妩媚妖娆的外在美与悲悯善良的内在美。这是佛教人物形象在唐代较为突出的特点之一，使其与前代神性更强的人物形象从外在到内在都存有较大区别。同时，这种强调和歌颂人性美、女性美的艺术追求与表现，既反映出大唐盛世下画家对人物肖像画写实性的追求，也体现了佛教美术进一步中国化、世俗化的进程。尤其是南侧的菩萨双肩倾斜，头部微微侧向身旁的阿难，阿难也不由自主地稍稍侧身相向，彼此呼应，似乎在窃窃私语，极为传神。

图 93　胁侍菩萨像　莫高窟第 45 窟主室西壁龛内北侧　盛唐

第 172 窟（盛唐）

这是开凿于盛唐的覆斗式洞窟。主室窟顶画团花井心，周围是圆形网幔，四角各有 1 身曼妙舞蹈的飞天。东壁窟门南侧和北侧分别是文殊变和普贤变，画中山水背景云霞缥缈，水纹波澜起伏，表现了唐朝画师能将线描与晕染相结合应用于山水画中的娴熟技艺。

南壁与北壁通壁绘制观无量寿经变，画面中人物和建筑的布局及空间处理皆十分精彩，可谓唐代绘画的杰作。同时，两铺同题材壁画也各有千秋。南壁用色淡雅，景致玲珑，描绘细腻，人物清秀文静，连不鼓自鸣的乐器也配以轻柔的飘带，飞舞动态较小。再来看北壁，设色浓烈，画中川流激越奔腾，与南壁刚柔相对，交辉互映。

两铺经变画均为中间说法图、两边条幅画的形式。中央部分一般绘出无量寿佛说法的西方净土世界，条幅一边画《观无量寿佛经》中的故事《未生怨》，一边画往生西方极乐世界的 16 种观想方法，即"十六观"。这里绘制的十六观内容与一般洞窟不同，不仅次序颠倒，随心而绘，还繁简悬殊，可见画师作画时心之所向、以意绘出的心境。

观无量寿经变在莫高窟现存 84 铺，仅次于药师经变和弥勒经变，居第三位。其中一侧条幅画讲述了一则关于因果报应的故事，即《未生怨》：古代印度地区的王舍城国王频婆娑罗，年老无子。他和王后盼子心切，便请相师算命求子。相师告诉他，山中有一位修行的道人，死后会来投胎。国王心中急切，命人去往山中，断了道人的粮道。道人因此被饿死在深山中。可是国王仍然没有孩子，遂诘问相师，相师说：道士投生的时候还未到来，他这一生是白兔，下一世投胎才是太子。国王听闻后，又派人到树林中围捕所有的白兔，用铁钉把兔子都钉死。不久，王后果然有孕，可相师却预言此子生而弑父。国王与王后听后大为惊恐。不久，王后顺利诞下一个健康的男婴。为绝后患，国王夫妇将孩子自楼上投弃，但孩子仅小手指受伤。因而，取名阿阇世（汉语意译：未生怨，即未出生已结怨），又称"未生怨王"或"折指""无指"。

阿阇世太子长大后，一日出游散心时听从一个名叫提婆达多的恶友教唆，回城便心生恶念，举兵政变，篡夺王位，还把国王抓起来，幽闭在七重深牢中，断绝食物，想将国王活活饿死在狱中。王后韦提希夫人十分想念和担心国王，假借探监的机会把酥蜜和麨面涂满全身，再把葡萄汁灌于璎珞之内，偷偷带给国王充饥。阿阇世知道后大怒，要杀王后。

两位老臣苦苦相谏，方才作罢。不料，阿阇世把王后也囚禁起来，并且用铁钉钉死了国王。

王后幽禁在深宫，无限悲痛，便终日念佛，以求解脱。释迦佛与目连、阿难二弟子从天而降，来到王宫，向王后讲明了过去与现在的因缘，使她明白了世间的生死报应，因果轮回。王后别无他想，一心向往佛境，并请释迦佛指点修行途径。佛陀为她讲授16种观想的修行方法，助她往生西方极乐净土。

◎不可错过　观无量寿经变画　第172窟南壁

位于画面中间的说法图是经变画的主要内容。佛陀坐于大宝盖下，周围众多菩萨的形象各不相同，他们的发型和头饰约有几十种，其繁复的样式在敦煌壁画中可谓首屈一指。

画中建筑的布局及其透视画法更是引人注目。中部大殿为建筑主体，以仰视的角度画出了顶部的椽飞斗拱、高大庄严、圣洁大方；两侧配殿低于大殿，画成俯视的角度，利于表现其广阔；后部楼阁则取平视角度，有深远的意境。

这种画法或许不符合科学透视法，但由于同时采用了仰视、平视和俯视的不同角度，从而使观者视点集中在中轴线偏上的部位，略有焦点透视的效果，使人感到真实而亲切，也突

图 94　观无量寿经变画　莫高窟第 172 窟南壁　盛唐

显出错落有致的殿堂、楼阁和亭台，体现了一个宏伟建筑群的和谐度与整体性。

另外，空中的天乐、化佛与飞天精致玲珑，尤其是穿行在楼阁间的小飞天，实属敦煌石窟飞天的精华（图94）。

◎不可错过　观无量寿经变画　第172窟北壁

北壁观无量寿佛经变画与南壁相比，又别有气度。天空有诸佛乘云而来，天乐悬空自鸣，飞天散花。正中上方有三座大殿，前后两座大殿为单层，中殿为两层的单檐庑殿顶，两侧各置单层配殿。配殿左右又各置二层楼阁，为单檐歇山式顶，以廊庑与中部后殿相接。廊庑转角处，于庑顶置角楼，殿前有大平台。

平台上画无量寿佛、二胁侍菩萨及诸位听法菩萨。大平台前面有3座小平台，左右是由16身伎乐组成的2组乐队，中间是2身伎乐相对舞蹈。下方有5座小平台，中间平台画白鹄、孔雀、鹦鹉、迦陵频伽、共命鸟等仙鸟，左右平台绘化佛与诸位菩萨。平台之间及平台与殿堂之间均以斜道与小桥相连。

画中西方净土的说法会、平台、楼阁全在烟波浩渺的七宝莲池上。远处，有大江从天际而下，波涛汹涌，待流至

图 95 观无量寿经变画 莫高窟第 172 窟北壁 盛唐

西方极乐世界成涟波起伏之势。七宝莲池中，鸳鸯戏水，莲叶翠绿，莲花盛开，化生童子或坐在莲花上，或处于含苞待放的花蕾内；平台上，孔雀开屏，白鹄回首，共命鸟延颈和鸣，鹦鹉与迦陵频伽随舞，表示"是诸众鸟，昼夜六时，出和雅音"（图95）。

第 158 窟（中唐）

　　莫高窟的涅槃像始于北周，终于唐代。本窟是以释迦佛涅槃像与相关壁画为主题的大型洞窟，洞窟主室为横长方形，盝形窟顶，这种形制被称为涅槃窟，俗称睡佛洞、卧佛洞。涅槃窟的形制在盛唐就已经出现，本窟应是继承了盛唐涅槃窟第 148 窟的形制而建。

　　洞窟甬道处的表层壁画在西夏时重绘，剥离之后，北壁底层壁画有供养人题记云："大番管内三学法师持钵僧宜。""大番"指吐蕃，可知本窟开凿于中唐时期（781—848）。

　　洞窟主室西壁设有高 1.4 米、长 17 米的佛床，佛床上侧卧彩塑释迦牟尼涅槃像，长达 15.6 米。佛陀右胁而卧，面型丰满，双眼微闭，嘴角含笑，一副安详入睡之态。南壁画十大弟子举哀图，西壁南段画两排举哀者人物像，北段是目瞪口呆的 14 身天龙八部护法神和居士维摩诘，北壁表现各国国王举哀的场景。

　　窟顶及佛床下部东向面画出目前已知莫高窟唯一的十方净土题材壁画。东壁门上绘制一铺如意轮观音，门南绘天请问经变，门北绘金光明最胜王经变画。这铺金光明最胜王经变画是莫高窟同类题材中最大的一铺，后代绘制相同题材时

图 96　菩萨与罗汉举哀图（局部）　莫高窟第 158 窟西壁　中唐

也以这铺壁画为蓝本。经变画的上部是说法图场景，下部以屏风式表现佛经中的故事画。

　　洞窟东壁经变画上下部之间绘出一条长达 10 多米的石榴卷草边饰，全凭画师兴之所至，一气呵成绘出精彩之作，足见画师功力深厚。南、西、北三壁的内容，也围绕"涅槃"主题展开（图 96）。南壁过去佛迦叶佛与西壁现在佛释迦佛涅槃像、北壁未来佛弥勒佛组成过去、现在、未来三世佛造像组合。这组佛陀塑像，或立（迦叶）或卧（释迦）或坐（弥勒），神态自然，比例适中，色彩典雅，是敦煌石窟具有代表性的作品。

◎不可错过　释迦佛涅槃像　第158窟西壁

这尊涅槃像，高发髻上刻波浪纹，面型丰满，双目半闭，唇含笑意，丝毫没有凡人临终的痛苦和悲哀，犹如一位正在假寐的慈祥老师。佛陀右胁而卧，右手枕在头下，手平放在大雁衔珠莲花纹枕头上，左手自然放于左腿之上，双足相叠，袈裟衣纹柔软，随身体起伏而变化，圆润流畅，构成完美韵律，简洁静穆，毫无孤寂冷漠之感。颇有深意的是：当我们与佛陀面对面，站在佛陀头部的正前方时，会发现佛的嘴角向上翘起，含着笑意。随着观者移至佛陀脚旁，再回望佛陀面部，会看到含笑的嘴角弧度发生了变化，向上的嘴角转而向下，有佛陀知众生还未离苦的思索之态（图97）。

据佛传记载，释迦牟尼在拘尸那国娑罗双树下右胁而卧，头枕北方，足指南方，进入不生不灭的涅槃境地。由于莫高窟所有的洞窟都是坐西朝东，因此，这尊涅槃像是头枕南方，足指北方，面向东方，后背西方。涅槃像的整个姿态与表情深刻地表现了"寂灭为乐"的涅槃境界，出神入化地表现出释迦佛涅槃时安详清静、泰然自若的神情，与四周悲痛举哀的十大弟子和各国国王形成强烈对比，衬托出佛陀神圣而超脱的境界。这尊涅槃像是我国现存唐代大型彩塑中不可多得的精品。

◎不可错过　举哀图　第158窟西壁佛床下部与南壁、西壁、北壁

与莫高窟第148窟不同，本窟的涅槃经变没有详尽描绘各种故事情节，而是重点突出南壁众出家弟子和北壁各国国王的举哀场景（图98）。

西壁佛床下部东向面中间开一小龛，龛南绘天王举哀，鸟王助悲。画面中有1身比丘，安坐于火中。这是最后皈依的佛弟子须拔陀罗，他不忍见佛陀涅槃，请求先佛入灭，佛陀应允，须拔陀罗即于佛前"入火界三昧而般涅槃"。龛北是天女吊唁，狮鹿供养。其中，六师外道幸灾乐祸的举动与涅槃像周围哀伤悲痛的悼念场面形成了强烈对比。

南壁画十大弟子举哀图，主要讲述的是大迦叶与五百弟子正在耆阇崛山修行时，得知释迦佛涅槃，诸弟子寻路急归。遥见佛棺的大迦叶"号哭哽咽，闷绝躄地"。

画面中远景山峦起伏，迦叶手持禅杖急匆匆赶路，从耆阇崛山跋涉而来。得知佛陀已经涅槃，深目高鼻的迦叶高举枯瘦的双手，猛扑佛棺，老泪盈眶，号啕大哭，痛不欲生。迦叶左右二位比丘，紧紧抱住他，以防其扑倒撞伤（图99）。迦叶前面另一位比丘，伸手欲扶迦叶，劝其节哀。前方阿难蹲在地上，一手遮耳，仿佛正在倾听释迦佛宣说涅槃

图 97 释迦佛涅槃像 莫高窟第 158 窟西壁 中唐

图 98　帝王举哀　莫高窟第 158 窟北壁　中唐

经，又双目微合，似乎正在回味遐思。

　　整铺壁画着重表现了迦叶哭佛的情景，旁边几位比丘悲痛的表情和姿态更衬托出迦叶痛不欲生的心境。画中极富感染力的人物形象，生动的刻画出众人闻佛涅槃后惊愕、失落，转而悲痛欲绝的复杂心理变化，反映出众弟子与佛陀间深厚的情谊。

　　西壁南段画两排举哀者像，上排是 19 身菩萨，下排为 17 身罗汉。菩萨皆安详自如注目于释迦，罗汉则个个作悲

图 99　涅槃经变（迦叶奔丧）　莫高窟第 158 窟南壁　中唐

恸状，这是大乘佛教宣扬菩萨修行果位比罗汉更高的一种表现：菩萨面对生死已经淡然视之。北段画14身天龙八部护法神和大居士维摩诘，他们均目瞪口呆，对佛陀进入涅槃感到不可置信。

北壁画各国国王和王子举哀，图中人物将近90身，皆有真人大小，形象无一雷同。其中有吐蕃赞普、汉族皇帝，有棕色皮肤之王者，有高鼻深目若中亚地区之王者等共14人，加侍从就有18人。其中中原帝王，头戴冕旒，身着深衣，在两位宫女的搀扶下，失声痛哭。其他国王多穿着卷领窄袖长袍，他们或缚头巾，或披发于肩，或戴裘帽，多是高鼻深目、浓眉虬髯的相貌。画师刻画的各种异域人物形象，也反映出唐王朝时与周边各民族密切的关系和广泛的国际交流。

举哀众除号啕痛哭外，更引人注目的是劓鼻、割耳、穿胸、剖腹的举动（图100）。据史料记载，唐贞观二十三年（649）唐太宗逝世，回夷人入侍于朝，前来朝贡者数百人，闻丧皆恸哭、剪发、劓面、割耳，流血洒地。涅槃经变中出现割耳、劓鼻和刺胸等行为，表明各族王者是以其最沉痛的哀悼方式来吊唁释迦佛。此外，敦煌地区这时受吐蕃贵族统治的影响，这种哀悼形式或许与吐蕃的某些习俗有关。可以说，这铺举哀图以写实的方式记录了其他民族特殊的哀悼习俗，是十分

图 100 举哀图（局部） 莫高窟第 158 窟 中唐

珍贵的民俗史画。

精华洞窟连接——第148窟〔盛唐〕

莫高窟还有一座涅槃窟是开凿于盛唐的第148窟。在洞窟前室南侧现存一块石碑,碑阳镌刻唐大历十一年(776)《大唐陇西李府君修功德碑记》,碑阴镌刻唐乾宁元年(894)《唐宗子陇西李氏再修功德记》,所以本窟又称"大历窟"或"李家窟"。石碑上所记的洞窟内塑像、壁画内容与窟内绘塑作品完全相符。

图101 三院并列大型佛寺 莫高窟第148窟南壁 盛唐

据史料记载，敦煌本地军民和来自河西已陷吐蕃诸州的部分军民，奋力抵抗吐蕃军队的进攻长达 11 年之久，唐贞元三年（787）敦煌还是失陷。开凿于战火纷飞、动乱时期的第 148 窟，不仅是莫高窟唐代洞窟前期与后期、莫高窟盛唐艺术与中唐艺术的分界线，还是莫高窟营建由盛转衰的分水岭。

洞窟东壁窟门上方绘千手千眼观音像，门北是东方药师经变画，门南为观无量寿经变画。画面内容丰富，构图层次分明，人物造型比例适度。尤其是画中的建筑群落精描细作，由殿堂、角楼、院落、回廊、水榭等构成大型院落，结构复

鸱尾
正脊
脊头瓦 斜脊
瓦当
飞头
椽
斗栱
斗栱
补间斗栱
转角斗栱
角柱

图 102　建筑顶部构建名称
敦煌研究院陈列中心展示

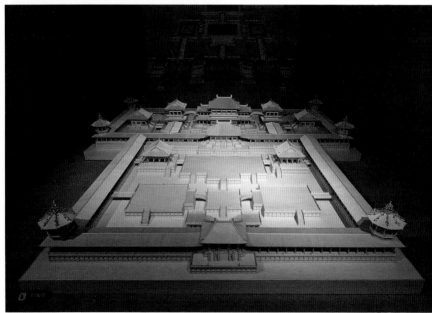

图 103　莫高窟第 148 窟东壁门北药师经变画中的建筑推想模型　敦煌研究院陈列中心展示

杂，布局谨严（图 101、图 102、图 103）。

西壁佛床上塑一身长 14.5 米的涅槃佛，佛陀身后彩塑弟子、天人、各国王子、佛陀姨母、菩萨等举哀像 72 身，西夏时重修。西壁整壁绘制盛唐原作涅槃经变画，画高 2.50 米，总长度 23 米，是敦煌石窟中规模最大的一铺涅槃经变。画工充分利用壁面大，适于抒写壮阔气势的特点，糅合诸多版本的涅槃经典，创作出一铺多达 500 多人和动物的巨幅涅槃经变画，而且布局合理，气势磅礴，描绘生动。作为背景的山水画远近透视关系处理得当，绘画技巧成熟，敷色浓丽，绘制精细，是不可多见的盛唐精品。画面中的 66 条墨书题记，为我们解读这铺大型涅槃经变画提供了重要的第一手资料。

画面共分 10 组，有 66 个情节。释迦佛在拘尸那国娑罗双树间普告一切大众，他即将在此涅槃。众人听闻纷纷赶来最后供养佛。释迦佛感到众弟子对佛法的渴求，于是居中而坐，为众生说法。结束后，众菩萨、众天人、众魔王、众神王、众龙王、众兽王等请佛接受他们的最后供养，佛皆默然不受。居士纯陀等人请佛接受他们的最后供养，佛欣然接受。相传，纯陀供养佛的食品是菌类，佛食用后在娑罗双树间入涅槃。

天上地下，拘尸那国一切大众纷纷哀悼，最后一位弟子须跋陀罗不忍面对佛陀离众生而去的的情景，于是身先入灭。

迦叶率五百弟子由耆阇崛山前来奔丧；佛母摩耶夫人从天而降悼念爱子。与此形成鲜明对比的是，诸外道幸灾乐祸。释迦佛担心母亲太过悲痛，于是金棺自启，释迦结跏趺坐于棺盖上为母说法，佛母闻是妙法，开心意解，还归忉利天。

接着是敦煌涅槃经变中只此一幅的"金棺自举"图。出殡时，连十六位大力士都抬不动佛棺。释迦佛起慈悲心，令金棺自举，停放在集积香木搭成的大香楼上。佛自胸中出火，燃烧佛棺。荼毗结束，诸天神、龙神以及阿阇世王等八国国王，求分舍利，均被拘尸那国大众拒绝，悲苦而还。拘尸那国的一切士女、天人大众，将入金坛的舍利起塔供养。塔刹高耸，飞檐铎鸣，十分庄严。

本窟用建筑、彩塑、壁画三种不同的艺术表现手法，以绘塑一体的形式围绕"释迦佛涅槃"主题进行了全方位表现，对表现技法的要求更是精益求精，足可见盛唐时期敦煌手工艺的高超水平和社会经济力量的空前发展。

第112窟（中唐）

这是建于吐蕃统治敦煌早期的一座小型覆斗式殿堂窟。主室的覆斗顶中心绘制云头纹藻井，四披中央各有一身禅定佛，披面其余部分绘满千佛图。

正壁开盝顶帐形龛，龛顶绘饰棋格团花图案及佛和菩萨像。龛内马蹄形佛坛上彩塑的一铺佛、菩萨、弟子5身像在清代曾重修。佛坛下画出壸门，门内绘饰正在弹琴歌舞的伎乐天。龛内南、西、北三壁绘屏风画六扇，仿效了唐代宫廷六扇联屏制度。

龛外帐门南北两侧画文殊变和普贤变，南壁为金刚经变画和观无量寿经变画，北壁是药师经变和报恩经变（图104），东壁门上画降魔变，门北画观音变，门南画大势至变。经变下方画联屏，表现各经变中的故事，可惜内容多有残破。

洞窟的结构、壁画内容和风格已展示出一些明显的时代特点。我们可以看到这个不到4平方米的小窟里，经变画明显增多，容纳了九种经变，汇集各宗各派经变于一窟。同时，屏风画进一步发展。由于经变的内容很多，变相的说法图已无法容纳，所以大量发展可以补充表现经变情节的屏风画，并使屏风画逐步走向独立。因此，一般认为这座洞窟应该属于从盛唐转向吐蕃统治时期（即中唐时期）的过渡阶段。

本窟的经变画，画面不大，内容丰富，结构严密，技艺精湛，是敦煌石窟现存的几铺精华经变画。除金刚经变为首次出现外，其他均为继承盛唐题材和结构布局的作品，其意

图 104　报恩经变之舞伎　莫高窟第 112 窟北壁西侧　中唐

境创造已趋成熟，而且形成了各种经变画内部结构的固定模式，对后期经变画的影响深远。如观无量寿经变，以无量寿佛为中心，圣众围绕，四面有宫殿回廊，中央设歌台舞殿，管弦齐奏，轻歌曼舞，碧空中飞天彩云，天乐自鸣；下部画宝池漾波、鸳鸯戏水，一派和谐安详的歌舞升平景象。曾经出现在两侧的十六观和《未生怨》移入下面画屏内，形成了新的模式。药师经变以药师佛为中心，上有曲廊亭阁，下面宝池莲花，中部歌舞娱佛，其主要特征是出现在壁画前部的十二药叉神将侍卫。金刚经变是新出的经变画，主体是佛在舍卫国为弟子须菩提讲"空慧"之学，画面上部是在山水云霞的自然环境中，以说法场面代替佛经中无法具象化的抽象哲理。

◎不可错过　报恩经变画　第 112 窟北壁

报恩经变据《大方便佛报恩经》绘制，是新出现的经变画题材，经文讲述释迦佛过去若干世报效三宝（佛、法、僧）恩、君亲恩和众生恩的故事。

经变上部画山峦石洞，花木流泉，盘山古道，宝塔云霞，在优美的自然风光中穿插鹿女的故事。壁画正中，释迦佛居于主位，两旁环绕众多菩萨、弟子和诸天，下有七宝池和八功德水，天空有四方佛及眷属乘瑞云赴会，构图与西方净土变相似。这部分表现的是释迦佛邀请诸佛赴法会说《大方便佛报恩经》的场面。

画面前部乐舞图的正下方，经变的主要部位是本经缘起部分的内容，即表现《序品》的画面。描绘的故事场景是阿难遇婆罗门孝养父母、六师外道首领奚落释迦：一天，阿难路遇一位婆罗门乞食，所得美食用来供养盲父母，坏食则自己食用，受到阿难赞赏。六师外道的首领以此诋毁释迦出家，不报父母养育之恩，阿难就此请示于佛，引起释迦佛遍请四方诸佛及菩萨聚会，说《大方便佛报恩经》宣讲自己过去若干世报恩的诸多事迹。

六师外道是指与释迦牟尼同时代教授其他修行方法的最著名的六位老师。本经所讲的诸多故事已较为明显的渗入儒家孝道思想。中唐以后，在莫高窟大量出现报恩经变，应该与孤立于边陲的敦煌汉族民众以儒家忠孝思想维系自身团结，以及反抗吐蕃统治有密切关系。

整铺画面展现了佛陀和各种人物与大自然结合的艺术构思，佛陀与听法众，以及故事画中的人物均在山峦树木、流水云霞处与浩瀚无垠的自然相结合，颇有意境。

《论议品》是报恩经变画中较为常见的内容之一。据《大方便佛报恩经·论议品》绘制，经文中的《论议品》讲述了两则故事，一则是"忍辱太子抽髓救父故事"，另一则为"鹿母夫人故事"，壁画中仅画出后者。

古印度波罗奈国仙圣山有一只母鹿，因舐食了仙人便溺而生下一个女孩。这个女孩每走一步，脚下就生出一朵莲花。一日，国王外出狩猎见到长大的女孩，将她纳娶入宫，称为鹿母夫人。夫人婚后生下一朵巨型莲花，国王震怒，斥责夫人为畜类之女，才生此怪胎，于是将夫人贬至冷宫，并弃莲花于水池内。某日，国王嬉游于池边，巨莲怒放，从中诞生500个孩子。国王见此异状，明白了莲中之子是鹿母夫人所生，因而深悔自责，即刻接回夫人。诸子长大后，身强力壮，武艺超群，一人能力敌一千。邻国反叛时，他们自荐走上战场保卫国家。胜利归来后，国土安稳，再无战事发生。

这则故事的情节跌宕起伏，壁画中以"母鹿饮便溺产女""步步生莲"等情节为主，绘制在经变画佛说法场景的上方。

画面中除中部主峰突出外，两侧还有山水小景。作为

图 105-1 高山拜塔 莫高窟第 112 窟北壁西侧 中唐

图 105-2 山中修行 莫高窟第 112 窟北壁 中唐

鹿母夫人故事背景，左上侧有一座岩洞，洞中有位仙人正在修行，洞外一只鹿在池边饮水，绿草野花点缀其间，颇有情致。右侧也有一座岩洞，洞外一位女子款款而行，足下莲花朵朵，山前有两匹骏马驰出，后骑半隐山中。诗情画意尽在流云缭绕、幽远浩渺的迤逦风光中。画中山石以墨线勾勒，山水画转折处棱角分明，表现出岩石的质感。画面设色浅淡，皴擦笔触可见，代表了唐代后期风格清丽的山水画特色（图105-1、图105-2）。

◎不可错过　反弹琵琶　第112窟南壁观无量寿经变画下部

　　敦煌壁画中的舞伎们高髻云鬟，服饰各异，姿态动作千变万化，反弹琵琶是其中特色最鲜明、最令人叫绝的舞姿。莫高窟有十多铺壁画中的乐舞场面都绘有反弹琵琶。

　　这身反弹琵琶伎乐天正面对观者独舞（图106）。她以双臂举起曲项琵琶反背在身后，左臂绕至琵琶后侧，右手手指反弹琵琶。其左脚着地，右腿抬起，似乎正在作左右交替腾踏之姿，两侧各有6人乐队伴奏。舞者的舞带展卷，节拍鲜明，神情沉着自然，最突出的地方是她的双脚拇趾翘起似在应和节拍。

画面中所绘线描纯熟，委婉自然，依然保留着初、盛唐时期"吴家样"兰叶描的流风余韵。特别是线描的主次、墨色的浓淡，起笔、收笔、停顿转折，都与人物形体姿态和神情密切相连。壁画以泥色为地，赋彩时以朱红、石绿、黄色为主色，配以黑白，形成温和而厚重的色彩美，人物面相和肉体多以蛤粉平涂，鲜明厚重，略有光彩，不易变色。这种画法在莫高窟也是仅此一窟可见。

图 106　金刚经变之反弹琵琶舞与乐队　莫高窟第 112 窟南壁西侧　中唐

第 16 窟和第 17 窟（晚唐）

这是位于莫高窟南区北端底层的两座洞窟，第 17 窟是第 16 窟的耳室。两座洞窟的上部两层分别是第 365 窟（也称七佛堂）和第 366 窟，这两窟和第 16 窟在崖面上形成了垂直关系。光绪三十二年（1906），道士王圆箓出资，在这 3 座洞窟前从上至下依山崖统建三层木构窟檐，称为"三层楼"（图 107）。

第 16 窟也称吴僧统窟、吴和尚窟，建于唐大中五年至咸通八年（851—867）。窟主吴和尚即晚唐河西都僧统洪辩，他统管河西僧众事务，地位很高。加上上部的第 365 窟和第 366 窟，共上下三层洞窟可能为洪辩独立出资开凿的系列窟。

第 16 窟为背屏式中心佛坛殿堂窟，主室是敦煌石窟面积最大的洞窟。窟内马蹄形中心佛坛上，保存了清代改修的晚唐至宋代所制塑像 9 身。佛坛西面沿背屏直接窟顶，四壁壁画为后代重层，表层是西夏时所绘的绿底千佛。1981 年，敦煌文物研究所整修本窟壁画时，曾发现底层未变色的晚唐壁画，色彩鲜丽如新，线条清晰，可能为某种经变或净土说法图中的水榭雕栏。窟顶是西夏浮塑贴金的团凤四龙藻井，四披是贴金棋格团花图案。甬道两壁为西夏绘制的说法图及

图 107　1914—1915 年的三层楼　奥登堡档案图片

供养菩萨，南壁中部嵌清代《重修千佛洞三层楼功德碑记》木碑一方，北壁中部即为第 17 窟窟门。

　　第 17 窟是第 16 窟甬道北壁的一间小耳室，坐北朝南，建于唐大中五年至咸通三年（851—862）。洪辩圆寂后，他的弟子、下属或吴姓本家为纪念他，在其功德窟甬道处修建了这座影窟，即洪辩的纪念堂。又在窟中塑洪辩真容像，绘壁画，将唐皇敕封告身、诏书及信物名牒等内容刻碑立于窟内，以求"万岁千秋"、永世传名。

该洞窟平面近于方形，覆斗形窟顶。从地面至窟顶高3米，壁边长近3米。北壁贴壁修出长方形禅床式低坛，坛上泥塑洪辩像。塑像背后的北壁画两棵菩提树，枝叶相接，表示洪辩在菩提树下的禅床上坐禅修行。东侧菩提树下画1身比丘尼，双手捧持对凤团扇。西侧菩提树下画1身手中持杖的近侍女。近侍女是在家持五戒修行，敬奉三宝，供养和照料高僧生活起居的女子。菩提树枝上还悬挂净水瓶和挎袋，这幅壁画内容显然与供养高僧有关。无论是画中塑造人物运用的线条和赋色技法，还是最终呈现出的造型效果，都可谓晚唐人物画的代表作。

西壁嵌大中五年洪辩告身碑一通，碑高1.5米、宽0.7米。碑文从上而下可以分为3段，上段刻《唐敕河西都僧统洪辩及沙洲释门义学都法师悟真告身》，中段刻《唐玄宗敕封诏书》，下段刻唐玄宗所赐的信物名牒。这块碑在伯希和来敦煌时还在窟中，后来被王道士移到第16窟甬道。1964年，敦煌文物研究所又将该碑移回第17窟，嵌于原处（图108）。

图 108　洪辩告身碑　莫高窟第 17 窟内景　晚唐

洪辩俗姓吴，即吴和尚，又称吴僧统。他是吐蕃和张议潮统治敦煌时期颇有地位的高僧，曾力助张议潮大中起事，为收复敦煌、河西有功。唐玄宗于大中五年（851）敕封洪辩为"京城内外临坛供奉大德"兼"释门河西都僧统摄沙州僧政法律三学教主"，又赐紫衣及各色信物，所下诏书勉辞委婉，恩宠殊异。所谓"僧统"，为唐制僧官，蕃制则称"都教授"。洪辩领沙州16所寺院和3所禅窟，又开大佛堂一所，即第16窟。他前后统管沙州僧政30多年，直至咸通三年（862）在沙洲圆寂。

洪辩塑像风格写实，是敦煌彩塑代表作之一。高僧身着水田袈裟，通肩裹体，结跏趺坐于禅床上，作禅定状。头部颅顶丰隆，面部饱满，额角和颧骨轮廓黯朗，额部和眼角有皱纹，目光含蓄有神，眉头略蹙，若有所思。对眉脊、眼角、鼻准与嘴角的塑造，表现出中年高僧庄重矜持的神情和气派。后壁壁画与塑像完美结合，组成完整的高僧修习、弟子供养的内容。

该塑像原先保存在第362窟，20世纪60年代由敦煌文物研究所搬入第17窟。这身保存较为完好的邈真像，是目前国内同类题材中时代较早的佳作（图109）。

图109 原安置在莫高窟第362窟的塑像 拍摄于20世纪50年代

◎不可错过 藏经洞 第17窟

作为洪辩的影窟，本窟因封闭和再发现引起的广泛影响堪称传奇，举世闻名。由于封闭之后窟内所藏物大多数为佛教经典，故而俗称藏经洞，又名鸣沙石室、敦煌石室。

藏经洞封闭的原因与时间，几十年来，众说纷纭，归纳其要点可分为避难说和废弃说。近几年，又有新的研究认为是由于佛教中"末法思想"的影响所致。

无论何种原因，一般认为，11世纪初，位于莫高窟的三界寺僧人将洪辩的塑像从其影窟移入他窟，将该寺多年收藏的大量佛经、佛画、法器，以及其他宗教、社会文书等秘藏于此窟，又砌墙封闭窟口，并于壁面装饰壁画，起到掩人耳目的作用。自此，窟中所藏宝物销声匿迹，无人得知。

16 世纪中叶，明代政府关闭嘉峪关，敦煌民众纷纷向中原地区迁徙。从此，长烟落日孤城闭，敦煌的光彩逐渐湮没在昔日的繁华中，沦为游牧之地。敦煌石窟的营建活动戛然而止，曾经的佛教圣地也淹没于漫漫黄沙中（图 110、图 111）。

清光绪二十六年（1900）[①]，新旧世纪之交。当时看管莫高窟的道士王圆箓，清除第 16 窟甬道积沙时，意外发现甬道北壁有一座小窟，"内藏释典充宇，铜佛盈座""见者惊为奇观，闻者传为神物"。

这座小室中，竟藏有 4 到 11 世纪，历时 7 个世纪的古代各类文献资料及艺术品约 5 万余件，文献种类约在 5000余种，90% 左右是佛教文书，非佛教文书不足 10%，包括官府文书四部书、道教典籍、摩尼教典籍、景教典籍、社会经济文书、文学作品、启蒙读物等写本文字。除大量汉文写本外，还有藏文、于阗文、梵文、回鹘文，粟特文、突厥文、

[①] 　关于藏经洞的发现年代，目前学术界公认为 1900 年，即庚子发现说；另一说认为是清光绪二十五年。

图 110　1908 年的莫高窟外景之一　伯希和图录

图 111　1908 年的莫高窟外景之二　伯希和图录

龟兹文写本。此外，还有若干铜佛、法器、幡、幢、绢纸画、壁画小样和画具等文物（图112、图113）。

然而，瑰宝问世，旋遭厄运。开启藏经洞后，王圆箓也意识到这些圣物不同凡响，遂向当地政府禀报此事，并取部分写卷、佛画等，分赠肃州兵备道廷栋及敦煌县官员乡绅。由于清政府的腐败和无能，各级官员不仅对此事不闻不问，此次赠送也成为藏经洞文物流出之始，令人痛惜。1903年11月及1904年4月和8月，敦煌县令汪宗翰将部分经卷与画像赠予甘肃学政叶昌炽。直至1904年3月，甘肃布政司才下令就地封存，不许外流。

但是，敦煌发现藏经洞的消息已经传出，很快就吸引了不少国外的探险家和考古学家前来。自1907年至1915年间，英国人斯坦因、法国人伯希和、日本人橘瑞超和吉川小一郎、

图112 藏经洞出土的经卷文书　斯坦因拍摄　　　图113 藏经洞写经　斯坦因拍摄

　　　　经典洞窟巡礼

图 114　树下说法图　初唐　藏经洞出土　现藏于英国博物馆

俄罗斯人奥登堡等人带领的探险队、考察团纷至沓来，以谎言加白银，向王道士骗购 3 万余件文书及大部分绢、纸画和其他文物，并拍摄了大量照片。

1924 年，美国人华尔纳来到莫高窟时，藏经洞的文物已经所剩无几。于是，华尔纳一行在洞窟的墙壁上粘走了 10 多块精美的壁画，还劫走了第 257 窟的北魏彩塑和第 328 窟的 1 尊唐代菩萨彩塑。这些艺术品被带到美国后，保存在哈佛大学赛克勒博物馆，这个小小的博物馆因此名噪海内外，而莫高窟则留下了无法抹去的伤痕。

藏经洞的文物历经数次劫难，被分散至世界各地，现存于英国、法国、日本、俄罗斯、德国、丹麦、印度、韩国和芬兰等地。其余部分大约有万余件文书和少量文物，主要收藏在北京图书馆，敦煌研究院和其他省市图书馆、博物馆也有少量散存。遗憾的是，藏经洞最初发现时的原貌没有一份详细而科学的目录。文物流散在外的过程复杂而隐秘，至今不详确切数目，更无明确记录（图 114—图 119）。

藏经洞的发现是人类近代文化史上的一次重大发现，这些流散海外的宝物震惊了世界，引起了多国不同学科研究者的广泛关注。多少年来，国内外学者对敦煌石窟艺术、敦煌石窟考古、敦煌史地及藏经洞出土的敦煌文献、文书和文物

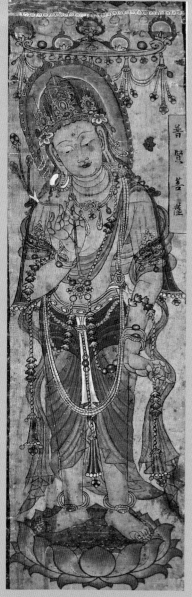

普賢菩薩

自念言我今不但笈吉羅罪不稅露者則不
能度生死彼岸坍而得涅槃等隆摩訶隆於是
微小諸戒中護持堅固心如金剛菩薩摩
訶隆持四重禁及笈吉羅敬重堅固等无差
别菩薩若能如是堅持則為具足五枝諸戒
所謂菩薩根本業清淨戒前後眷屬餘
清淨戒非諸惡覺覺清淨戒護持正念念清
淨戒迴向阿縟多羅三藐三菩提迦葉是菩
隆摩訶隆復有二種戒一者受世教戒二者
得正法戒菩薩若受正法戒者終不為惡
世戒者白四羯磨然後乃得淨順次大善男子有
二種戒一者性重戒二者息世譏嫌戒性重
戒者謂四禁也息世譏嫌者不作販賣輕稱

图116 大般涅槃经 梁天监五年（506） 藏经
出土 现藏于英国图书馆

佛說生經第一

婦國王父輸頭檀是毌摩耶是婦拘夷是子
羅云是也佛說是時莫不歡喜

涼太建八年歲次丙申白馬寺禪房沙門慧
湛敬造經藏普被含生同价性者開甘露
門示解脫道顧乘此善乃至菩提跟蒙无
納破无明郭智慧神力次第開蒙入法流
水成寺正覺迴奉十方六道為斯所得故

图117 佛说生经 陈太建八年（576） 藏经洞
土 现藏于法国国家图书馆

图115 普贤菩萨 盛唐 藏经洞出土 现
藏于法国吉美博物馆

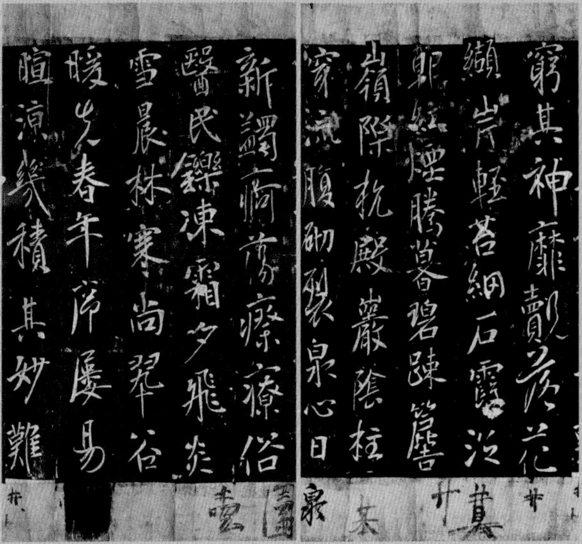

窮其神靡覩厥花

嶺岸輕苔綢石露沿冀

郭紅煙騰蕾碧沿疎簧

穿流腹䏮裂泉心日暴

嶺際抗殿巖陰柱木

新翻㖃廝療䓫俗

醫民鯑凍霜夕飛炎

雪晨林寒尚翠谷

暖光春年所屡易

暄涼幾積其妙難

图118 唐拓唐太宗《温泉铭》 唐 永徽四年 藏经洞出土 现藏于法国国家图书馆

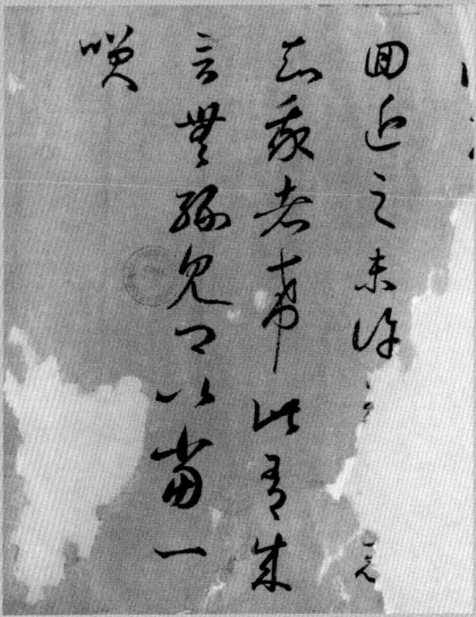

图119 唐人临王羲之旃罽帖 唐 藏经洞出土 现藏于法国国家图书馆

等一系列相关内容展开广泛深入地研究，形成敦煌学这一国际综合性学科。

第 156 窟（晚唐）

这座洞窟也称作张议潮窟，开凿于晚唐咸通六年至八年（865—867），是沙州刺史张淮深为他的叔父，河西十一州节度使张议潮所造的功德窟。

前室为横长方形，在北壁西上角处，有"咸通六年正月十五日"的墨书《莫高窟记》，该文还见于敦煌文献 P.3720。文中以简短的文字回顾了莫高窟的发展历史，介绍了乐僔、法良最初建窟的缘由，北大像和南大像建造的时间以及本窟的营建时间等，其内容与初唐第 332 窟所出《李君修莫高窟佛龛碑》记载的建窟沿革基本相同，是研究莫高窟营建历史的重要资料。甬道两壁画张议潮、张淮深及其夫人等人的供养像，均为晚唐时期不可多得的历史图像资料。

主室为覆斗式殿堂窟，窟顶画卷瓣莲花藻井井心，四披画弥勒经变、法华经变、华严经变和楞伽经变等壁画。西龛外南侧画普贤变，北侧画文殊变。其余三壁上部有思益梵天请问经变、阿弥陀经变、金刚经变、报恩经变、药师经变、天请问经变等内容。

下部内容根据壁画中的榜题可知，是《河西节度使张议潮统军出行图》及张议潮夫人《宋国河内郡夫人宋氏出行图》，这是两铺供养画出行图。

唐大中二年（848），沙州人张议潮趁吐蕃内乱，在沙州率众起兵，逐出当时的统治者吐蕃人，随即挥军东进西征，收复甘州、凉州、肃州等地，并带领河西十一州民众归顺唐王朝，结束了吐蕃在河西的百年统治，解除了唐王朝西顾之忧，确保了中原西去的道路。大中五年（851），唐宣宗敕封张议潮为河西十一州节度使，此图就是敕封张议潮为节度使后统军出行的写照。对面相同位置绘出张议潮夫人：《宋国河内郡夫人宋氏出行图》。

两铺出行图保存至今色彩大部分完好，人物形象生动，题字独特，是敦煌石窟独一无二的珍贵壁画和展现晚唐社会生活的图像资料。两铺作品在壁面同位置相对而绘，张氏出行图肃穆严谨，宋氏出行图欢快轻松，恰成对比，可称为敦煌壁画出行之双璧。两铺图中的人物近240身，马110余匹，各以8米的长卷展示了宏大的具有历史意义的场景，开创了长卷历史人物画先河。画面中人物聚散、疏密布局得当，肃穆整齐的队伍，有变化的穿插排布。图中运用可视为"步步观"的散点透视法，使物随景移，适当的空间开阔疏朗，令观者可以清楚明晰地欣赏画面中的任一部分。晚唐以后，敦煌石窟出现的《曹议金出行图》《慕容氏出行图》基本上都以这两铺壁画为蓝本。

1921年，沙俄白军流窜至敦煌，曾在第156窟居住，他们烧炕做饭，洞窟四壁上部及窟顶壁画的很多地方被烟熏发黑，致使某些画面已经难以识别，非常可惜。

◎不可错过 张议潮统军出行图 第156窟南壁、东壁下部

画面可分为相互衔接的前部仪卫、中部张议潮、后部射猎骑队三部分，细分为13组。

第一组为8人横吹队。最前部是8骑横吹队伍，分作两行，人物着团花锦衣，毡帽毡靴，振臂擂鼓，举号长鸣。

第二组为10人武骑，分列两侧，前两身执五方旗、队旗，后3身执槊仪仗，着甲胄戎装，腰挎箭囊。

第三组为导引官2人，手执板状物。

第四组有10位穿红色大袍的文官。

第五组为20人的伎乐舞队，舞伎有8人，乐师有12人。乐队丝竹管乐齐备，有拍板、笛、箫、琵琶、筚篥、笙、铙、

腰鼓等。

第六组为都押衙 10 人，骑马分列两侧，戴幞头穿红袍，持六纛三对，门旌、信幡各一对，引导缓行。

第七组为持旌节者 3 人，前二骑所执伞状物是外套袋囊的旌节，后一骑穿红袍，当为朝廷使者。

第八组是 3 人 3 骑分列的武官，紧随于后，保护旌节使。他们应为节度使幕府武职衙将，即衙前兵马使。

第九组为银刀官 8 人，此 8 人手持议刀步行，戴花毡帽，穿白毡靴，腰束革带，榜题"银刀官"。

第十组为引驾押衙两人，护卫保驾。

第十一组为窟主河西归义军节度使张议潮一行 3 人。张议潮头戴幞头，穿红袍，骑白马，一手牵缰，一手执鞭，两人执辔护行。前有榜题"河西节度使检校司空兼御史大夫张议潮统军扫除吐蕃收复河西一道出行图"。

第十二组为子弟兵 17 人。两骑紧随张议潮，服饰与前马步都押衙相同，当为左右厢子弟虞候。接着三排骑者，每排 5 人，每人各执一物，有弓囊、箭袋、剑、楯、麾、枪、团扇和大旗等，大旗上有一"信"字。他们都是花衣革带，戴幞头，穿白靴的装扮，榜题"子弟军"，是张议潮的侍卫亲军，子弟虞候是节度府子弟军的首领。

图 120　张议潮统军出行图（局部）　莫高窟第 156 窟南壁、东壁下部　晚唐

　　第十三组为射猎、驮队 20 余人，位于东壁南侧。

　　整个画面长 8.5 米、高 1 米有余，画中人物逾百，骏骑 80 余，出行队伍旌旗飘扬，延绵浩荡，显示了这支队伍的严整军仪和威武雄风。这是一铺反映张议潮在收复河西、领受旄节、驻持敦煌后，勤练兵、重武备的珍贵历史画卷（图 120）。

◎不可错过　宋国夫人出行图　第156窟北壁、东壁下部

该图可分为前部杂技乐舞、中部宋氏、后部饮食供应三部分，细分为13组（图121）。

第一组是顶杆杂耍的10人，以惊险热闹引人注目的场面作为前导。顶杆的是一位壮汉，身穿宽袖大开襟的红色短

经典洞窟巡礼

图121　宋氏夫人出行图（局部）　莫高窟第156窟北壁下部　晚唐

衣，绿色短裙，腰束带，头顶长杆，顶端有3个小儿悬空表演各种惊险动作，中间一小儿两手十字撒开，双腿夹紧，做一亮相动作。旁边还有一人双手撑杆立于旁侧。另有4位乐师用笛、拍板和大鼓伴奏。

　　第二组为舞乐队11人。近旁是一组舞伎，舞者有4人，乐师有7人。舞伎着交领长袖衫，齐胸拖地长裙，肩披长飘带，挺胸曲腰，扭腕交足，扬袖起舞。乐师分作两排，前4人后3人，跟随舞伎伴奏。乐器有笙、琵琶、筚篥、拍板、手鼓和腰鼓等。

　　第三组为6位银刀官，3人分作一队，左右跟随警卫。

第四组是行李马车 12 人。大道中央是白马驾辕的辎车一辆，两位驭者左右夹马扶辕而行，前有榜书"司空夫人行李马车"。车前侍女 2 人，车后侍女 8 人，其中 4 人着男装，众人手中或架鹦鹉或持团扇或捧包袱等。

第五组为驲骑 3 人。行李车下方有 2 骑、银刀官下方有 1 骑，扬鞭疾驰，似在传递信息。

第六组是张议潮女儿轿子 28 人。8 人抬大轿两座，大轿后各随侍者 6 人。轿为尖顶六角，轿夫着红色长衫，弓腰喘行，表现出负重之感。轿旁榜题"小娘子擔舆"，即张议潮女儿坐轿的意思。

第七组为辎车 4 辆 40 人，驭手各两人，车前侍女各两人，车后侍女各 6 人，榜题"坐车"。

第八组为骑马女官 1 人，着男装，大概是一位侍卫官。

第九组为 4 人伎乐。

第十组为银刀官 8 人分两列，起护卫作用。

第十一组就是主人宋氏 3 人。宋氏骑长鬃白马，头戴花冠，穿大袖交领衣，胸部束裙。主人的衣褶、头饰和马鬃等处，线条清晰，或许经过后人重描。夫人右侧马童，左侧女侍，拱手相随。前有题字"宋国河内郡夫人宋氏出行图"。

第十二组为女僚 9 骑，8 人男装 1 人女装，或捧包袱，或执团伞，簇拥紧随。

第十三组为后勤与护卫 13 人，位于东壁北侧，6 人骑马缓行，4 人骑马相随，两鞍马随行备用，两骆驼驮着酒瓮和行囊。上方两人骑马疾驰，马前猎犬奔跑。最后有 1 人骑马，表示殿后护卫。

这幅作品中杂技舞乐，车舆驼羊，熙熙攘攘，有张有弛，从中可窥唐代贵族游玩踏青的煊赫豪富气派，其气势与规模足可与唐初卷轴画《虢国夫人游春图》媲美。

第 61 窟（五代）

这是开凿于五代后汉天福十二年至后周广顺元年间（947—951）的大型洞窟，是敦煌归义军鼎盛时期第四任节度使曹元忠的功德窟。曹氏归义军五世七任节度使统治敦煌 120 余年（后梁乾化四年至约北宋景祐四年，914—1037），其中曹元忠在位 29 年，统治时间最长，是曹氏政权的鼎盛时期。第 61 窟是敦煌石窟中规模最大、内容最丰富、艺术成就最具代表性的洞窟之一。因为主室佛坛上的主尊为文殊师利菩萨乘坐青狮的塑像，西壁又绘制文殊菩萨道场五台山全景图，因此本窟也名文殊堂。

从这座覆斗顶洞窟周围环境来看，开建此窟时，破坏了上层的一组隋代洞窟。元代在本窟前室建皇庆寺时重绘了甬道壁画，皇庆年间（1312—1313）建成后，西宁王速来蛮又于1351年重修。甬道南壁通壁绘炽盛光佛和诸星象图，西端有汉文与西夏文对书题记的扫洒尼姑画像，北壁为诸星、天官、伎乐和助缘僧，以及有汉文与西夏文对书题记的蒙古供养人画像。

洞窟主室修双层中心佛坛，高1米多，前有踏步，后有背屏连接窟顶，左右有装饰栏杆。佛坛中心原本彩塑1身文殊骑狮像，现在已不存，仅在背屏和佛坛上留下狮子尾巴和脚下莲花的残迹。佛坛上塑造以骑狮文殊菩萨造像为主尊的塑像群，在敦煌石窟中仅此一例，具有独特性。佛床的四周画24个壶门，象征木床形制。壶门内有伎乐天弹琴歌舞。

窟顶绘制巨大的华盖式藻井，中心是五莲团龙鹦鹉，四面为联珠纹、回纹、团花和双凤双麒麟等祥禽瑞兽纹，最外层是璎珞垂幔，这是敦煌石窟最大的象征性华盖。四披中心画出4铺说法图，周围画千佛，四角各有一个圆拱龛形凹壁形成的浅龛，龛内画镇守四方的四大天王像。

四壁上半部，画各宗各派的巨型经变画：东壁绘维摩诘经变，门北是维摩诘示疾和各国各族王子均来问疾的内容；

门南为文殊问病，中国帝王大臣、各族首领同来探望的场景，维摩居方丈、文殊坐宝台，遥遥相对。南壁和北壁分别绘楞伽经变、弥勒经变、天请问经变、药师经变、华严经变和思益梵天请问经变等。东、南、北三壁上画出的经变多达11种，都属于大乘佛教中的重要经变题材。

西壁是通壁而绘的五台山图，也是本窟的主体壁画。整个画面大部分是现实世界的象征图，保存了大量历史资料，加上神话部分，应该属于唐代称之为"五台山化现图"一类的圣迹图。

洞窟的下部内容也很精彩。南壁后半部，西壁全部、北壁后半部是33扇屏风画，画出128个画面的释迦佛佛传故事。其中有些情节不仅在中外古代佛传故事艺术作品中十分罕见，而且画中人物形象、衣冠服饰、房舍田园、音乐舞蹈、农耕生产、马术武功都完全中国化，充分显示了这铺敷色淡雅的佛传故事屏风画反映出的中国特色和民族风格。

◎不可错过　五台山图　第61窟西壁

五台山又名清凉山，在山西省五台县境内。据佛经记载，五台山为文殊师利菩萨的道场。北魏时，五台山就已经兴建了许多寺院。隋唐以后，佛事更为兴隆，带有很多神话色彩的"五台圣迹"被广为宣扬。唐龙朔年间（661—663），高宗遣沙门会颐到五台山检验佛迹，创制了"五台山图"，在长安一带广泛流传。莫高窟在中唐、晚唐和五代时期共有6个洞窟绘制了"五台山图"，除本窟外，其他诸窟的"五台山图"均为屏风画形式。

本窟所绘的是一铺内容丰富、规模宏大、通壁巨制的五台山图，是敦煌石窟规模最大的山水人物图，也是最大的全景式历史地图。图高3.6米、长13米，共有46.8平方米，画出了428个人物。

画中详细描绘了东起河北正定，西至山西太原，方圆250千米（即500里）的山川地形及社会风情。画面可以分为三层欣赏：下层表现五台山区内的城池县镇和名胜古迹，以及当时的社会宗教活动，有当地县镇各种店铺、住宿、养马等旅店，行旅队伍中有朝廷的送贡使团、地方的送贡使团等。中层表现神人交往的宗教活动世界，有大量寺院、楼阁兰若、茅庵塔庙，有佛像，有修行的僧人，有善男信女等各种人物以及驮运、担挑、打柴、诵经、拜塔等社会生活场面。上层主要表现天空中的幻化神变，如雷电云中现、佛手云中现、灵鸟现、金龙云中现、功德天女现、金色世界现等，共有30多处。

图 122　五台山图（局部）　莫高窟第 61 窟 西壁　五代

该图不仅规模宏大，气势雄伟，地图的准确性也不可思议。沿着画面上的路线，无论从山西太原出发，还是始自河北镇州（镇定），翻过高山深壑，跨过急涧荒滩，途经城关险要，观瞻古刹名寺，最终都会抵达佛教圣地五台山。

图中所绘城郭、寺庙、楼台、亭阁、佛塔、草庐、桥梁等各类建筑170多处，是十分珍贵的古代建筑史资料。此外，图中的地理状况与现实基本一致。20世纪30年代，我国著名建筑学家梁思成先生看到此图大为震撼和赞叹。后来，梁先生到五台山考察时，居然真的找到了唐代佛光寺和南禅寺的大殿。可见，这铺壁画是世界上罕见的、古老的、巨大的形象地图。

此铺五台山图采用散点透视法，以具有象征图解意味的山水作背景，突出了各大寺院建筑及人物。山水与人物、建筑的比例虽然不协调，但全图五峰并峙，主次分明，构图满而不乱，装饰性较强，体现了古代画师驾驭大题材、创作大壁画的高超技艺，着实令今人叹为观止（图122）。

◎不可错过　供养人画像　第61窟东壁南侧

本窟供养人像列的最显著特征是女供养人多，现存的供养人均为女性。东壁南侧起第一位供养人画像身着回鹘装，她是曹议金（曹元忠之父）迎娶的甘州回鹘可汗之女，即回鹘天公主。第二位供养人画像也着回鹘装，她是曹元忠的姐姐，嫁给甘州回鹘可汗为妻。第三位供养人画像头戴凤冠，也是曹元忠的姐姐，嫁给了于阗国国王李圣天，她的形象还在第98窟东壁与于阗国国王一起出现。第四位供养人画像是曹元忠的生母广平宋氏。按照常理，广平宋氏应该排在第一位，因为她是曹议金的原配夫人，又是窟主曹元忠的生母。对于"甘州圣天可汗天公主"和于阗皇后来说，广平宋氏虽然不是生母，也是母亲辈的长者，但她却是排在第四位，站在女儿辈之后，这种情况可能与曹氏政权对待甘州回鹘和于阗采取的礼让、尊重的态度有关，以此巩固双方的亲密关系。

这四位女性供养人的前后排列顺序说明，本窟供养人画像以政治上的尊卑位序打破了年龄上的长幼位序，这也是曹氏政权东接回鹘、西联于阗的根本政策在洞窟修建中的反映。曹氏当权期间利用联姻关系，对外交好四周邻国，从而为归义军时期比较稳固的政治统治打下了良好基础。

◎不可错过　花面　第61窟东壁南侧

画中女供养人头梳高髻，侧边两鬟覆盖部分面额。髻上戴凤冠，插步摇，颈饰瑟瑟珠，华贵富丽；又用胡粉涂面，画蛾眉，点口红，并于额头、两颊画云凤、蝴蝶、鸳鸯等图案，作花面之饰，展现了中古女性，尤其是贵族妇女端庄典雅的时尚风貌（图 123）。

花面，又名花脸、花颜，是花钿、花子的统称，是敦煌唐至宋代时期妇女的时妆。敦煌壁画中从初唐的天女到宋代的女供养人，额间多画出梅花，还有画在脸上的小花叫"花子"。唐代时，壁画中女供养人饰花面者不少，五代以后贵族妇女点饰者更为普遍。李端《春游乐》有"褰裳踏路草，理鬓回花面"，元稹《恨妆成》有"凝翠晕蛾眉，轻红拂花脸。满头行小梳，当面施圆靥"等，很多诗句都是对当时妇女花面为美的真实描写。

据《太平御览》卷九七〇记载，南朝宋武帝的女儿寿阳公主正月初七卧于含章殿檐下时，风吹梅花落于公主额面上，成五出之形，拂之不去，皇后留之，宫人看后奇异，于是都纷纷仿效以花贴于额上，称为寿阳落梅妆。后来就逐渐演变成了脸上贴花的风俗，例如用翡翠制成五出梅花，贴在额上，称为花钿。

《格致镜原》说：三国时期吴国的宗室大臣孙和，一日误伤邓夫人脸颊，治愈后出一红点，更觉夫人美艳，侍女们便以丹脂点颊为美。另有说法是秦始皇时，已令宫人贴五出

图 123　曹议金夫人供养像　莫高窟第 61 窟东壁南侧　五代

花子，"画为云凤"以装饰脸颊。

◎ *不可错过　炽盛光佛陀罗尼经变画　第 61 窟甬道南壁*

　　该壁画长约 7.1 米、高 3.35 米，部分残损。画中炽盛光佛处于中央，结跏趺坐于牛车上，车后插龙旗，飒飒飘扬。佛陀身材伟岸，面目慈和，右手食指顶一个金轮，左手作禅定印。佛的四周围有众星官簇拥，即九曜星神，也称九执。

经典洞窟巡礼

上部云间是"双童星"等十二宫巡回，每一宫由一个圆圈表示，在圆内画出代表此宫的形象，画风细腻。南壁现存9座，从东至西为：金牛座、宫女座、白羊座、摩羯座、天秤座、双子座、巨蟹座、天蝎座和双鱼座。画面上方还绘有二十八星宿，多为4人一组，人物形象基本一致，都是双手持笏板的文官打扮。

图 124　炽盛光佛陀罗尼经变画　莫高窟第 61 窟甬道南壁　五代

这铺壁画不仅改变了唐代以来经变画的传统格局，而且以炽盛光佛和九曜星神为主要形象，也有别于传统经变画只突出一佛和一、两个菩萨的画法。画中人物面部圆润，表情质朴而淳厚，以淡蓝色作底，以绿色与装饰作用强的金色相配，有华丽辉煌的质感。一般认为，这座洞窟的甬道是在元代重绘为大型炽盛光佛陀罗尼经变，也有研究认为是西夏时期绘制。

本窟甬道南壁与北壁的内容相同，可惜北壁损毁严重，南壁相对完整。因此，炽盛光佛陀罗尼经变画在莫高窟仅此一例，而且是通壁绘出，更为珍贵（图124）。

有关炽盛光佛和黄道十二宫、九曜二十八星宿等星象内容的佛经典籍比较多，都属于密宗类经典。佛教认为该经有消灾禳祸之灵，当时全国天灾人祸频发，此铺经变的绘制应该与祈愿消灾有关。

第55窟（宋代）

这是大型背屏式中心佛坛殿堂窟。西夏在重修甬道时，将宋代曹氏家族供养画像全部覆盖。近代不知何人于何时破坏了表面的西夏壁画，剥出曹氏部分供养人画像。1908年，法国人伯希和来莫高窟探险考察，他的著作《敦煌石窟笔记》记录了当时的甬道南壁有以曹议金为首的男供养人题名5条，北壁以回鹘公主为首的女供养人题名3条。我们从其中1身供养人题记的内容可以知道此画像为曹元忠。根据《宋会要辑稿》所记载的相关信息，可以推测出本窟是曹元忠于宋建隆三年（962）前后营建。

洞窟主室覆斗形窟顶上绘出双龙卷瓣莲花藻井，窟顶西披画弥勒经变画，与佛坛上的弥勒三会彩塑相呼应，珠联璧合，相得益彰。窟顶四角凹陷处开成浅龛，东北角的浅龛内绘东方提头赖吒天王，东南角是南方毗琉璃天王，西南角为西方毗楼博叉天王，西北角是北方毗沙门天王。窟内中央设马蹄形佛坛，坛前有登道，可供人上下佛坛使用，坛后有一座连接窟顶的高大背屏。

窟内数铺大型经变画，基本承袭晚唐以后的格局，画面构图合理，描绘细腻，位置经营错落有致，色彩浅淡，有雅致之韵味，是莫高窟宋代壁画的代表作之一。

莫高窟五代、宋时期的塑像现存很少，本窟佛坛上保存的10身北宋塑像，填补了这一时期彩塑的空白。

佛坛上塑三铺佛像分西、南、北三面而坐，主尊都是倚坐式。西壁正面的佛像右手扬起，左手放在膝上，神情静穆，左右两侧佛像也大体一致，成三角鼎足的形态。塑像中还有迦叶像、菩萨像和天王、力士像。不难看出，这些彩塑仍保有唐代塑像的余韵，为宋代彩塑中的精品。

这组佛像表现的是：未来佛弥勒从兜率天宫下世在婆婆世界成佛后，举行了三次大型法会，广度众生，称作弥勒三会。塑像主要表现了古人对弥勒下世成佛后美好生活的渴望和憧憬。

◎不可错过　托座力士塑像　第55窟主室佛坛南侧

托座力士位于中心佛坛南侧佛座的下方，他身着戎装，右手叉腰。为了表现佛座的重量，力士左脚踏在佛座的台基处，胯部略微扭动，左手抬起托举佛座，左肩扛起佛座，头顶着佛座。从力士托座的自然姿态、比例适度的身体结构，我们可以感受到他托座时拼尽全力的状态（图125）。

力士的面部宽厚结实，眉头微蹙，眼眸凸起，怒目而视看着前方，鼻翼因为用力而张大，嘴唇的线条塑造出弧度，两侧的脸部肌肉略向内凹陷，下颌坚毅有力。整个面部表情配合体态，呈现出向上的威猛有力态势。

图 125　托座力士塑像　莫高窟第 55 窟主室佛坛上南侧　宋

榆林窟第 29 窟（西夏）

　　这是建于西夏乾祐二十四年（1193）的覆斗顶式洞窟。窟内绘塑内容与壁画中的建筑形式皆为藏密样式，因此又将此窟称作"秘密堂"。

　　洞窟中央设方形基座佛坛，座上又建有 4 座圆坛。

　　整窟壁画皆交融汉密与藏密艺术创作，西夏时期的独特艺术造型与风格清新而浓郁。东壁北侧绘东方药师经变，上部画三间大殿，大殿下方净水池内莲花盛开。画中佛教人物形象具有典型的西夏党项族人物形象特征，面相圆润饱满。

　　南侧金刚像黄发竖立，三目圆睁。相配而绘的红色与绿色强烈而奔放，神秘氛围呼之欲出。

　　东壁中央文殊菩萨变的背景是以水墨绘制的山水画，山峦与树木描绘成十分规整的形状，图案化装饰效果明显。对面西壁中央的相同位置画普贤菩萨变。普贤菩萨前后随行的侍从浩浩荡荡，他们虽是天人的装扮，但形象写实生动，形态自然。

　　南壁东、西侧分别是西夏国师与男、女供养人画像。根据主要供养人的西夏文题名，我们得知这是当时总握瓜、沙二州军政大权的地方最高长官，监军司首领及其眷属的

图 126　国师像　榆林窟第 29 窟南壁东侧　西夏

功德窟。

整座洞窟的布局、内容和风格都具有鲜明的西夏党项族特点，是西夏佛教艺术成熟时期，也就是西夏后期的经典作品，是可以作为衡量西夏后期佛教石窟和洞窟艺术的标准窟，是不可多得的反映西夏文化、宗教与艺术的珍贵遗存。

◎不可错过　国师像与供养人画像　榆林窟第29窟南壁东侧

方形高台上坐着一位高僧，高僧前方的榜题框中是西夏文题记，意译为"真义国师昔毕智海"。由此可知，这是西夏国地位崇高的国师画像。

国师头戴山形金贴起云冠，内着半袖，身披袈裟，右手拈花向外伸出作供养状。一名童子在身后为他撑起圆形伞盖。侧面的几案上摆放着香炉等供品。座位前方有十数位僧人，都作双手合十状，礼拜供养国师。其中有一位年老僧人，意态虔诚地托钵奉献（图126）。

国师身后排列着西夏武官画像。这3身身型高大的男供养人都长圆大脸、高鼻细眼、身材颀长。第一身和第二身头戴金贴起云缕冠或银贴间金冠，身穿圆领窄袖旋襕，腰间戴护髀，束长带，脚蹬乌靴。史料记载，西夏王元昊曾为西夏

图 127　秃发童子　榆林窟第 29 窟南壁东侧　西夏

文武官员改制衣冠，图中的武官装扮与文史记载的内容可作对应。

第二位供养人身后，有 1 身着襕袍，体形明显矮小的秃发童子供养人。这是用纸画好后补贴上去的。结合这些供养人身前的题名可以知道，这里画出了祖孙三代人。洞窟真正的窟主叫赵祖玉，他是"瓜州监军司通判奉纳"。有国师在前方为他和家人引导，足见窟主的地位特殊。供养人画像中还有他的父亲"沙州监军使"赵麻玉，以及他的儿子没力玉。

供养人行列最后还有侍童 3 人，其中有两身是秃发，都是剃去头颅顶部以及后脑勺的头发，仅保留头发前边边沿部分。1033 年，西夏王李元昊颁布秃发令，限全国百姓在 3 日内剃光头顶。壁画中的秃发童子形象是反映西夏党项族习俗的形象资料（图 127）。

榆林窟第 2 窟（西夏）

这座洞窟建于西夏晚期，是一座覆斗顶式洞窟，主室中央设中心方形佛坛。窟顶藻井精心绘制蟠龙祥云纹，四边斜披处以边饰、垂幔和千佛作装饰。首尾相接的蟠龙体态优美，汉式传统的造型与具有藏传艺术造型和赋色的千佛形象增加了洞窟的装饰感（图 128）。

洞窟四壁壁画布局为三段式，上段是垂幔。正壁中段中央上画释迦佛涅槃图，下段画文殊菩萨变，两侧还绘制出观世音菩萨济难众生的小故事。文殊变左右各画一铺说法图，两侧也是条幅故事画。其中一侧条幅画的上边是普贤菩萨变。南、北两壁中段一一相对，各画 3 铺说法图。

南壁西侧的说法图（图 129）和前壁窟门两侧中段绘制的水月观音壁画保存良好，赋色浓丽，线描精湛，是西夏时期的经典作品。说法图中五光十色的头光明艳梦幻，颇具西夏特色。有人认为，西夏时期创作出如此富有活力色彩的图

图 128 墓室券顶藻井图 西壁

图 129　释迦说法图　榆林窟第 2 窟南壁西侧　西夏

画，可能是受藏传佛教的影响。与该窟壁画相似的配色，还见于西夏黑水城遗址出土的绘画作品中。

此外，画中山水和人物造型笔法都明显受到两宋时期中原绘画的影响。洞窟整体焕发出的气质也已经褪尽唐代风尚，新的时代精神喷薄而出。

◎*不可错过　水月观音　榆林窟第2窟西壁南、北侧*

净渌水上，虚光白中，巨大透明的绿色大光圈是身光，亦是月光，笼罩着凝神遐思的观音。

通透的圆轮内，自在坐式的观音头戴宝冠，项饰璎珞，斜身坐在水边的岩石上，右臂轻轻搭在屈起的右膝头，右手拈串珠，左手抚岩石。身侧的石面上摆放着宝盆和插着柳枝的净瓶。

观音身后修竹摇曳，怪石嶙峋，天空祥云缥缈，灵鸟翩跹。双手合十的天女立于对面的小岩石上，正在虔诚礼拜观音（图130）。

北侧的观音肩披绿色大巾，下着锦裙，左手抚左膝，右手自然伸到胸前，神情悠闲地坐在岩石上，背靠身后矗立的灵石（图131）。

观音一侧的岩石上面摆放着插有柳枝的净瓶，岩石后面

图 130　水月观音　榆林窟第 2 窟西壁南侧　西夏

露出绿竹。天空彩云浮动，脚下碧海茫茫，海面上有一位童子正乘云而来，合掌向观音礼拜，这就是"童子拜观音"：善财童子至普陀珞珈山参拜观音的情形。

画面右下侧的海岸边，一位年轻僧人双手合十，仰首遥礼观音。僧人身后有一位面形如猴的男子，头戴金环，披散头发，左手牵着马，右手举到额前，遥望远方。

这位青年僧人就是玄奘，猴脸人物是孙悟空。玄奘于唐贞观元年（627）开始西行求法，他取道瓜州，出玉门关，经莫贺延碛大沙漠，最后到达天竺。玄奘曾在瓜州逗留月余，因此，玄奘取经的故事在瓜州流传深远。

水月观音是三十三观音之一，虽然在佛经典籍中并无相关内容的记载，但是，自中唐画家周昉首创以来，水月观音绘画作品中辽阔空灵的意境，在民间观音信仰的滋养下，很快广泛流传。

这两铺绘画成就极高的西夏水月观音图，不仅表现出信仰者礼敬参拜的菩萨形象，更是艺术性与欣赏性价值极高的古代美术佳作。两铺水月观音均以石绿为主，流水、光晕与修竹皆是澄澈净透的绿色，又以石青色渲染出青绿的璎珞与假山，再辅以耀眼的青金石。最后，饰以夺目的金，贴之为体肤，堆之为饰物，与点缀朱砂的帔和多色的头饰相得益彰。

图 131　水月观音　榆林窟第 2 窟西壁北侧　西夏

画师将中国古代文人追求的"水月"意象与观音菩萨蕴含的"空灵"佛境，以纯熟细腻的绘画技巧，跃然于荒漠中绿洲内的崖壁上，悠然超脱之心境更甚。恬淡清秀的菩萨低首凝神，身光与月光融合一体，通透而轻薄，穿越时间与空间的无形屏障，环绕笼罩在伫立于此的观者身上。洞窟内的光线愈加迷蒙，黄白迷离的月映入水中，观音抬首垂目间，天池澄澈，大河周流，上下俱水，流入南海。

榆林窟第3窟（西夏）

这是建于西夏统治瓜州时期（约12世纪后期）的洞窟。窟内中央设一座曼荼罗形式的八角形三级佛坛，也就是坛城。窟顶是浅穹隆顶，中心画金刚界五方佛曼荼罗（图132）。

东壁中央以八塔变的形式绘制释迦佛传记故事，南侧绘汉传密教系统的五十一面千手千眼观音变，北侧绘藏传密教系统的十一面千手千眼观音变。南壁中央绘观无量寿经变，两边分别绘金刚曼荼罗和五方佛曼荼罗。

北壁中央绘净土变，两边分别绘五方佛曼荼罗和观音曼荼罗。曼荼罗中的供养菩萨头戴花冠，手攀树枝，在蓝色光圈中扭腰投足，婆娑起舞。这身菩萨的造型以及表现手法颇具尼泊尔和印度艺术的风韵，在敦煌石窟中亦是罕见。

西壁门上是维摩诘经变，门南是大幅普贤菩萨变，门北是文殊菩萨变。这两铺大型壁画，都是以线描见长，水墨神韵极佳，与其他同类题材壁画意趣迥异。

本窟除了西壁文殊、普贤经变和北壁天请问经变属于传统汉画系统外，其余多为藏画系统，因此，可以把本窟看作是一个显密结合、以密教内容为主的洞窟。

◎不可错过　金刚界曼荼罗藻井　榆林窟第3窟窟顶

窟顶中央的圆形金刚界曼荼罗，大约有8层。中央圆轮内有5身佛，大日如来居中，东面是阿閦如来，南面为宝生如来，西面是无量寿如来，北面为不空成就如来。

圆轮外方形坛场的四隅画4身菩萨，分别是金刚波罗蜜菩萨、宝波罗蜜菩萨、法波罗蜜菩萨、业波罗蜜菩萨。这4位是大日如来最为亲近的4身菩萨。坛场四面门内画4身明王。

明王的具体身份不同，但都有头大、腿短、身长的形象特征，眼睛因愤怒向外凸出，咧嘴露齿，一脸忿怒相。

曼荼罗外部的边饰图案描绘精细，衔接紧密，过渡自然，透出规整而繁复的精美感。色泽以青绿为主，清雅和谐。边饰图案从内往外依次是圆环套联纹、回纹、缠枝牡丹纹、千

图 132　内景　榆林窟第 3 窟　西夏

佛图案、莲瓣纹、六出龟纹和波状花卉鸟兽纹，最外层是垂幔。象征佛智无坚不摧的金刚杵，在曼荼罗外围守护四个方位。

靠近外层的波状花卉鸟兽纹处，表现缠枝与花卉之间的云朵中浮现出多种祥禽瑞兽：那边天马腾空跃，麒麟举爪哮，孔雀展翅飞，大象云中奔，羚羊花间跳；这边雄狮、猛虎、勇牛腾云驾雾，威风而来（图133）。

图133　金刚界曼荼罗藻井　榆林窟第3窟窟顶　西夏

◎不可错过 五十一面千手千眼观音变 榆林窟第3窟东壁南侧

画面中央的立姿五十一面观音菩萨，头像垒叠如塔（图134）。

观音身侧的菩萨手双双相对，伸展如圆光环绕观音。菩萨手中所持的166种器物庞杂精微，丰富壮观，令人惊叹。其中有的是根据佛经内容绘制，但很多形象并不见于经典记载，应该是画师根据当时社会生活实有的物品而绘。其中包括人物、动物、植物、乐器、兵器、法器、建筑工具、交通工具、生产工具和生产活动场面等。特别是生产工具有犁、锄、耙、镰、锯、斧、斗、熨斗、船只、耕牛等。生产活动有舂米、打铁、酿酒、耕作等，都是对西夏时期西北地区普通百姓日常劳动与生活真实生动的形象记录。

整铺壁画是反映西夏社会经济生活的珍贵图像资料。例如，锻铁图中出现了元代文献记载的风箱；酿酒图中塔式蒸馏器是制酒的蒸馏器，为我国的烧酒技术产生的年代提供了有力的佐证；舂米图中表现的舂米，在汉唐时已有；犁耕图展示的"二牛抬杠"，至今仍然在耕作中应用。

画面内容通过象征性的事物，展现出纷繁复杂的大千世界。再与东壁北侧的十一面千手观音结合起来看，两铺观音

图 134 五十一面千手千眼观音变 榆林窟第 3 窟东壁南侧 西夏

变中绘出古乐器16种，不仅是整个敦煌石窟壁画中表现乐器品种最多的经变画，还出现了胡琴、凤首箜篌、扁鼓等独特的乐器。

◎不可错过　文殊、普贤菩萨变　榆林窟第3窟西壁北、南侧

北侧文殊菩萨头戴宝冠，身着天衣，神情优雅庄重，一手握持如意，安详地坐在青狮背莲座上。威猛的青狮足踏莲花，双眼圆睁，张嘴龇牙，回首望向昆仑奴。昆仑奴左手握鞭，右手使劲往后拉拽桀骜不驯的狮子。周围的帝释天、天王、菩萨、罗汉和童子等圣众跟随着文殊菩萨，在云海中行进。

画面上部雄奇的山水和圣众脚下的云海由远及近，从上至下相连，涌动的水与云层叠交织，形成场面宏大的背景。远处的江海逐渐隐入耸立的群峰和突兀的奇石中。古刹隐藏于幽谷，绿树翠染峰间，岸边的枯树，枝干挺拔。远处以淡墨渲染，水墨而绘的山水中，又用皴法表现出岩石。如此，虚实与留白带出朦胧意境——文殊菩萨的道场清凉山在我们眼前铺陈开来（图135）。

普贤变与文殊变相对而绘。画面中央头戴宝冠的普贤菩萨，手执梵箧，脚踩莲花，坐在白象背上。象奴双手紧握缰

图 135　文殊变　榆林窟第 3 窟　西壁

绳用力拉拽白象。普贤周围跟随梵天、菩萨、天王、罗汉等眷属，背景中远山近水清晰可见。

普贤的天衣、披帛和冠带飘飘然，映在头光与身光仅有的些许颜色前，反衬出向内微微晕染的绿碧色头光，莹莹立于虚空中。身光的青蓝向外逐渐虚化，接近留白的地方略施薄色，色晕细微。站在画前看得久了，人就生出微醺的眩晕感，动也不敢动，好似往前踏一步，即身在云气中。

普贤身后山峦壮阔，奇峰凸起。山中瀑布直下，与山腰间的雾气混为一体，使人犹疑银河落九天。山中丛林曲径通幽，寺院楼阁，竹舍茅屋，错落有致，掩映在翠绿间。

画面一侧凸出的岩石上，着短衫、脚蹬麻鞋的玄奘法师站在激流滚滚的岸边。身后是猴脸的孙行者，咧嘴仰头望天。二人遥望着远处的菩萨合掌致敬。玄奘身后的驮经白马迎风而立，马背上的莲花驮放着熠熠放光的经卷包袱，表明他们已成功取经归来，在返回的途中礼拜普贤菩萨（图136）。

这两铺作品画幅巨大，人物形象精致，山海树石在壮美的波涛与浩渺的云天中纵横捭阖，随心所欲，留白无声。远景皆绘大山堂堂为众山之主，群峰耸立，奇石突兀，云海翻腾，山峦楼宇半掩半露于烟云环抱之中，高远幽深。远山瀑

图 136　普贤菩萨变　榆林窟第 3 窟西壁南侧　西夏

布直泄，近溪涓水缓流。彩虹和灵光或隐于山岗坡峦，或现于山谷林木，增添了山间的神秘幻化气氛。所谓"……所以分布以次岗阜林壑，为远近大小之宗主也。其象若大君，赫然当阳，而百辟奔走朝会，无偃蹇背却之势也"。如此这般，瓜州踏实河两岸的崖壁上确有奇观——"一山而兼数十百山之意态"。

人物画像轻敷淡彩，亦呈现出中国绘画的笔墨精神。天界诸神，无论造型结构还是笔法技巧，皆表现老到精熟，美妙绝伦。衣纹线条，精彩出色，落笔雄健细腻，线走龙蛇，衣带当风，铁线、兰叶、折芦、钉头鼠尾诸法杂糅并用，刚柔相济，自然得体。其中画功神韵颇具吴道子、武宗元、李公麟之精髓，又与马远、郭熙、燕文贵等诸多两宋山水风景画大家的笔墨神韵同壁而示，不可谓不令人神往。

第 207 窟（回鹘）

本窟原本始建于初唐时期，目前所存内容大部分都经过回鹘时期重修重绘。洞窟位于莫高窟九层楼南侧二层崖面上，覆斗形窟顶上有团花井心藻井，垂幔铺于四披。

西壁有一座斜顶敞口龛，龛内的初唐塑像经后代重修。龛顶画出菩提宝盖，龛内西壁有双树、佛光和项光，南壁与北壁各画项光、披巾和花卉图案。龛外南侧网幔下绘制 1 身大势至菩萨，下方是 1 身供养比丘像。龛外北侧网幔下是观音像，下部也绘 1 身供养比丘。

南壁与北壁上部的网幔图下各有 1 铺释迦佛初说法图，两铺壁画的题材虽然一样，但画面中的细节各有特点。这两铺说法图是目前敦煌回鹘艺术中仅见的释迦佛初说法图，也是敦煌石窟中出现时代最晚的通壁释迦佛初说法图，是莫高窟回鹘时期的代表作之一。

与前代壁画相比，莫高窟回鹘时期洞窟题材种类明显减少，内容简单、构图相似的说法图占比较突出的位置。该洞窟即为莫高窟具有"高昌回鹘式"艺术特色的回鹘洞窟。

◎不可错过　释迦佛初说法图　第207窟南壁

释迦佛初说法也称初转法轮，讲述了释迦佛第一次说法的情形，是佛传故事中的重要篇章，也是佛教美术中经常出现的题材之一。这铺通壁大型初说法图画面保存较为完整，中心绘结跏趺坐的释迦佛，上部有两身飞行药叉相向而飞，双手各持一只法铃。中部听法众有两排，分别是菩萨和身着铠甲的金刚像与焰肩比丘像。

居于画面中心的主尊佛双目下视坐在莲花须弥座上，座前依稀可辨三宝标与台座。三宝标两侧壁画残损比较严重，仔细辨别可以看到两头前蹄抬起，体型不小的鹿。画面中既没有描绘大型建筑物和莲花池，也不见歌舞伎乐等天众的形象，整体布局比较简单。人物数量虽少，但体型较大，整铺壁画给人松弛舒朗，简率粗放的视觉感受（图137）。

画中的三宝标也称作三宝章、三宝、三叉或三钻，是通常用来象征佛、法、僧三宝的图像。通常认为，三叉象征佛宝，

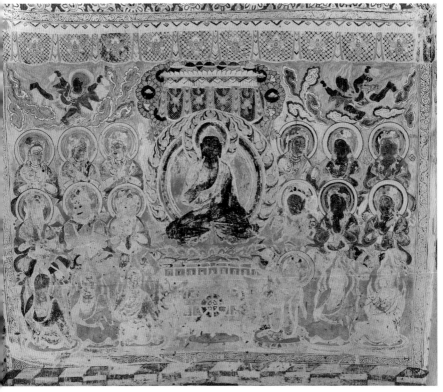

图 137　初说法图　莫高窟第 207 窟南壁　回鹘

法轮象征法宝，树叶象征僧宝。壁画中的鹿是佛教艺术中表
示鹿野苑的象征图像，鹿野苑就是释迦佛第一次为他人讲
解佛法的地方，位于现在印度瓦拉纳西附近，是佛教四大
圣地之一，因野鹿成群而得此名。

　　这铺初说法图具有比较典型的回鹘艺术风格，重视画面
的装饰性，线条有力。虽然壁画多有漫漶，但依然可以看出

设色浓郁绚烂，与新疆柏孜克里克石窟高昌回鹘时期的壁画风格和特点、图像样式和绘制技法近似，应该是受高昌回鹘的影响①。

◎不可错过　焰肩比丘　第 207 窟南壁

比丘结跏趺坐于圆垫上，偏袒右肩穿着僧祇支与袈裟，袈裟裹住腿部，露出脚的前半部。比丘的脸型长圆丰满，双眉修长，鼻梁高挺稍显拱形，眼角向上斜吊的眼睛和小嘴厚唇赋予面部温和的表情。比丘无头光，两肩与头顶绘制火焰状纹样，熊熊燃烧之势形似背光。红色的头发充满异域风情，他微微颔首，双眸轻闭，自然放松又透出专注的神情，说明他听闻佛法后，正在进行修行实践，很可能已经进入禅定状态（图 138）。

这种焰肩比丘的形象在莫高窟比较少见，类似例证还见于北魏第 257 窟、西魏第 285 窟和隋代第 281 窟等。

---

① 本窟图片均采自殷博《莫高窟第 207 窟初说法图考》，《敦煌研究》2019 年第 6 期。

图 138　焰肩比丘　莫高窟第 207 窟南壁　回鹘

经典洞窟巡礼

这是唐代所建的大型中心塔柱窟，整窟壁画经沙州回鹘重新绘制。

主室前（东）壁是敦煌石窟中唯一单独绘制的儒童布发本生故事画。甬道两壁的千手千眼观音像也是回鹘时期的代表作之一。画中主尊观世音菩萨手执各种法器和宝物，各种器物的形象清晰可见。

窟内南壁、北壁还有体型高大的罗汉像，引人注目。罗汉着袈裟，或半侧身倚坐，或赤脚结跏趺坐，有的双手持杖于胸前，有的手持梵箧。诸位罗汉身后皆绘险峻起伏的山峦，树木与鲜花伴随左右。画师处理诸位罗汉像时，用笔狂放，大笔涂抹，相当潇洒（图 139）。

甬道南壁有 23 身男供养人画像，都身着回鹘装。北壁是 27 身女供养人画像，装扮华贵，风格各异，有的穿回鹘服饰，有的以汉装打扮，各具特色。

整座洞窟中无论是佛教人物造型，还是基于现实所绘的供养人画像，或是说法图与故事画，构图都疏朗规整，色彩皆单纯明快，具有浓郁的装饰趣味。

] 139　罗汉像　榆林窟第 39 窟北壁　回鹘

◎不可错过　男、女供养人画像　榆林窟第39窟前室
甬道南壁、北壁

　　画中人物，无论男女都具有面部浑圆丰满、五官清秀的
典型回鹘相貌特征。

　　南壁第一身男供养人头戴回鹘民族特有的山形冠，身穿
圆领窄袖团花长袍，腰束软、硬二带，带上挂解结锥、短刀、
打火石等"䩞鞢七事"，足蹬毡靴，双手执供器。他的身后
是形体矮小的一位侍从，手握长杖（图140）。

　　第二身高大的供养人所着服装与第一身相似，只是长袍
为绿色四瓣花锦袍，双手捧钵式香炉，身后也跟随一位侍从。

　　从画中着衣打扮来看，高大身型的主人可能是回鹘贵族
或官员的画像。

　　北壁相对应的位置是回鹘女供养人像（图141）。

　　第一身人物手持花卉，头戴博鬓冠，梳桃形髻，发髻上
插金钗步摇，身穿翻领窄袖红色长袍的回鹘装，内着绿色圆
领内衣。第二身人物着圆领长袍的汉装，头戴凤冠。第三身
着汉式交领大袖裙襦，与五代、北宋时期的贵夫人所穿礼服
相同。她身前的榜题框中还依稀可辨汉文题记："清信弟子
石会□一心供养。"这3身女供养人的身后都跟随一位身型
矮小的女性侍从。

图 140　男供养人画像　榆林窟第 39 窟前室甬道南壁　回鹘

图141　女供养人画像　榆林窟第39窟前室甬道北壁　回鹘

◎*不可错过　儒童本生　榆林窟第39窟东壁南、北侧*

这是关于释迦佛前世的本生故事。

在古印度的莲华城，有位修习清净梵行的人，名叫儒童。他智慧明达，通晓各种世间学问。一日，儒童的老师对他说："你现在学识有成，且精通各项才艺，也该游化各处增广见闻！"儒童听闻老师的指示，便起程到各国参访游化。

经过一段时间，儒童重回莲华城，得知定光佛（定光佛是释迦佛之前的一位佛陀，即过去佛之一）即将前来，心中无限欢喜，想要以鲜花供养佛。此时伫立于人群中的采花女，手捧青莲，忽然见到儒童，也观察到他的心意，便将五朵珍贵的莲花献给儒童，成就他供佛的心愿。

终于，定光佛来了。佛陀安详的举止、庄严的慈容，令大众深受感动，纷纷五体投地恭敬礼拜。

就在这时，定光佛以神通力在前行的路中变出一方污泥。儒童见状，为了不让污泥染污佛足，他立刻脱下身上的鹿皮衣服，铺于污泥上，又解开发髻，以长发覆盖鹿皮，让佛行走，并将莲花撒于佛身作为供养。因为至诚恭敬的心，儒童所供养的青莲，居然环绕于佛身而不坠地。

此时，佛陀举身光明，照耀大地，并伸手为儒童摩顶授记，告知众人：儒童于九十一劫（佛经所载的时长单位）后，将成佛于娑婆世界，名号释迦牟尼，广度无量众生。

本窟的儒童本生故事画绘制在东壁窟门两侧，各有1铺。两铺作品相互对称，构图基本一致：定光佛位于中央，两侧各有一位胁侍菩萨（图142）。门北画面中的儒童跪在右侧，长长的头发铺在地上，定光佛踩在其头发上；门南儒童的位置正好相反。

两铺壁画皆变色、褪色较严重，线条不易辨识，但整体形象完整，画面规模宏大，其风格和构成与柏孜克里克石窟中同一题材壁画非常相似，体现出浓郁的回鹘风格。

图 142　儒童本生故事画　榆林窟第 39 窟东壁南侧　回鹘

第 465 窟（元代）

这座别具一格、风格独特的洞窟位于莫高窟北区，是北区现存石窟中少数保存有造像和壁画的洞窟，也是一座藏传密教无上瑜伽密石室。由于本窟是密宗石窟，窟内绘塑有西藏密宗图像及密宗修法的坛城，表示其密不轻易示人之意。因此，第465窟也称秘密曼荼罗堂，简称秘密堂。一般认为，本窟的藏密壁画可能与藏传佛教萨迦派四祖贡嘎坚赞等人于1244—1251年到河西地区的活动有关。

根据对北区的考古发掘，我们知道本窟原由前室、中室、后室构成。前室已坍塌，现在的前室实际上是原来的中室，主室则是原来的后室。前室的壁面上基本没有壁画，但却保存有汉文、藏文、蒙文、西夏文等各种文字的题记。敦煌石窟元代后期壁画的题材特点是汉密、藏密同时流行。本窟覆斗形窟顶的主室内，中央设5层圆形佛坛，现存4层。坛上原本有密宗曼荼罗塑像，现在已经损坏不存。这种在窟室内设坛的做法甚为罕见，目前所知在莫高窟仅此一例。全窟的壁画都是藏密内容，保存得也不错。窟顶藻井及四披画出表现"五智圆通"的大日如来、阿閦如来、宝生如来、无量寿佛和不空成就如来。五方佛分绘在窟顶及四披，构图严整，

图 143　护法明王　莫高窟第 465 窟东壁　元

配色浓重，极具视觉冲击力，使整个石窟透出浓郁的神秘性和庄严感（图 143）。

东壁门上绘 5 身护法像，中间是牛头相貌、6 副面孔的大威德金刚手持法器，两边为 4 身护法神。东壁门南绘 3 尊像，他们被称为护法三兄妹。上边一尊独髻母双手捧宝瓶，蹲坐于降魔座上，两侧配有四眷属。下面共两尊，北侧是一面两臂的宝帐怙主，他身披虎皮，手持六棱木立于日轮内，轮内两侧画大鹏、黑色鸟、青铁狼和黑犬围绕；南侧是吉祥天女。东壁门北画面部呈忿怒相的四臂大黑天，其腰间系虎皮，以象征勇猛。大黑天的上方和下方还画有 18 身像，都是他的化身。

南壁画 3 铺曼荼罗。东侧是双身曼荼罗，男身是大幻金刚，女身是佛空行母。中间也是双身曼荼罗像，一般认为这是密迹金刚，也有人认为是时轮金刚。西侧内容通常认为是大力金刚双身曼荼罗。

西壁也画3铺曼荼罗。南侧是上乐金刚单身曼荼罗，主尊周围6身像中有5身是主尊的化身。西壁中间绘制了上乐金刚与明妃双身曼荼罗。北侧是金刚亥母单身曼荼罗，画面中央绘一大幅单身主尊金刚亥母像。

北壁原有3铺曼荼罗，西侧的1铺已经损毁。西起第二铺为喜金刚与明妃金刚无我母双身曼荼罗。左右角的画像与左右竖格内的像都是喜金刚的8位莲花伴女。北壁东侧是主尊为双色单身像的曼荼罗，有4张面孔和12条手臂。

窟内四壁下方画八十四大成就者像。这些像旁原本贴有小纸条，伯希和在他的笔记中记载了47条录文，现如今只能看到几条内容。《八十四大成就者传》是藏传佛教中一部重要的典籍，记载了印度密宗的84位大师的出身、修行过程、主要成就、弘法情况及道言歌集等内容。

壁画中还绘有许多如碓米、纺织等与生产劳动相关的场面，以及凤首箜篌等精美乐器，是研究元代社会不可或缺的图像资料。

◎不可错过　大幻金刚双身像曼荼罗　第465窟南壁
东侧

这铺曼荼罗呈竖长方形，没有圆轮和方形，也不见四门，
属于非典型曼荼罗。位于曼荼罗中央的主尊为大幻金刚双身
像。男身是大幻金刚，他的肤色是蓝色，有4副面孔、3只
眼睛和4条手臂，头戴五骷髅冠。4副面孔分别为蓝色、绿色、
白色和黑褐色（原本应为赤色，现已变色）。前边两只手的
右手持钺刀，左手持颅钵；后边两只手拉弓，双足均踏1身
卧魔。

女身是皮肤呈黑褐色的佛空行母，她也有4条手臂，前
边两只手拥抱男尊大幻金刚，后边两只手拉弓。围绕在两位
主尊周围的是佛空行母或大幻金刚的化身（图144）。

◎不可错过　二臂俱生上乐金刚双身像　第465窟西
壁正中

这铺曼荼罗呈竖长方形，没有圆轮和方形，也不见四门，
属于非典型曼荼罗。

画中的上乐金刚是一面三眼的相貌，头冠上装饰有交杵，
颈部挂50个断头。手臂环抱明妃，双手持金刚杵和金刚铃，
双足下踏怖畏神威罗瓦和明妃黑夜女神。

图 144　大幻金刚双身像曼荼罗　莫高窟第 465 窟南壁　元

明妃也有 3 只眼睛，她头饰宝冠，全身赤裸，紧贴上乐金刚而立，左手托嘎巴拉碗，右手持钺。明妃以肢体拥抱本尊，象征佛母代表的智慧与本尊上乐金刚代表的解脱之道密不可分。围绕主尊还绘有 17 身化身像。

主尊周围以黑白色为界，居中画一大幅上乐金刚双身像。周围上部一排，分作 5 块小长方形，小幅画中绘制了多身双身像；南北侧双身像以下，各画 3 身单身像，都是上乐金刚的眷属。围绕主尊有一面两臂或四臂的化身像，主尊上方画有 5 身 12 臂的上乐金刚与明妃的双身像，代表曼荼罗的五方。主尊两侧各绘 6 身一面两臂的瑜伽女（图 145）。

◎不可错过　吉祥天女　第 465 窟东壁南侧

东壁门南处绘有 3 尊像。下部南侧是骑骡子的吉祥天女，也叫作骡子天王。她头戴五骷髅和五蛇组成的宝冠，手持 50 个人头骷髅。四条手臂分别持剑、细柄杵、三叉戟和钵。骡子背上披着人皮用作鞍，皮上挂着人头，骡子屁股上绘有眼睛。

本窟主室壁画在题材上的最大特点是出现了藏传佛教美术中的"双身图像"，是中国现存时间最早的藏密艺术，是元代艺术中的佼佼者。壁画内容丰富，布局考究，画中所见的各

图 145　上乐金刚与明妃金刚亥姆双身曼荼罗　莫高窟第 465 窟西壁正中　元

图 146　护法明王　莫高窟第 465 窟东壁南侧　元

个形象神秘，人体造型准确，线条细腻，笔法有力，色彩浓重鲜明。各类人物动态优美，美艳中令人怖畏，艺术效果强烈，表现出一种狞厉之美，具有印度波罗王朝的艺术风格（图146）。

第3窟（元代）

这是莫高窟南区最北端的一座小型覆斗顶殿堂窟，也是元代唯一的汉密观音窟。

窟顶藻井中心浮塑四龙，四披装饰纹样已模糊，但犹可看出是古泉纹。正壁龛中塑像已毁。龛外南侧、北侧绘制观音菩萨立像。

此窟最负盛名的是南壁、北壁所绘的千手千眼观音变。两壁内容较为相似，画面中间都是十一面观音立像，周围是侍从、仙灵与护法金刚，上边飞天执花供养，俨然是一场庄严法会的妙境。

东壁窟门旁还有2身观音像，意态潇洒，足踏仰莲，凌空而下，飞入窟中。窟内配合而出的装饰图案是白描淡彩的圆环套联纹，汉式风格的淡雅气息也更浓郁。

窟中壁画的地仗效果与意大利的湿壁画类似，但并不是湿壁画。这是一种用沙、土、石灰混合的三合土一次完成的地仗，其制作方法可追溯至宋代李诫的《营造法式》。正是这种特殊的地仗材料和制作工艺，使苍劲笔力下的墨色深深侵入壁内，出现类似湿壁画的效果。

绘塑观音菩萨，是显教与密教中都经久不衰的题材。本窟从壁画的制作，艺术语言的表达，到民族风格的表现都具有显著的特色。沉静高古的形象，精湛绝伦的线描，庄重素雅的设色，皆体现出敦煌元代壁画制作的新成就。

◎不可错过　千手千眼观音　第 3 窟北壁

图中主尊赤足站在莲花上，头部层层相叠如佛塔，11 张面孔呈现出不同的表情，有的忿怒，有的慈悲，有的无欲无求，安详宁静。千条手臂一一排列在身侧如法轮，每只手中有一只眼睛。相对较大的手臂集中在躯干两侧，共有 42 只。手中所持法器有宝瓶、杨柳枝、头顶处的化佛与宝钵托起的须弥山。有 8 身眷属围绕着观音菩萨。功德天如同一位雍容华丽的贵妇站立于旁。毗那夜迦与毗那勒伽的形象略有变化，以象头帽和猪头帽代替了原有的象头与猪头。

这铺千手千眼观音变最突出的特点是以多种线描塑造形象（图 147），遒劲的铁线描勾勒出人物躯体的轮廓，再淡

图 147　千手千眼观音　莫高窟第 3 窟北壁　元

施晕染绘出肌肤。处理人物衣饰时，改用中国原有的传统画法，流畅多变的折芦描演绎出复杂的衣褶和飘带。其中，单单为了表现衣服的不同质感，就使用了多种线描：棱角显露的折芦描，体现出衣饰质感的厚重和转折有致的衣褶；光滑细软的绸缎是行云流水描；锦缎多变的形态用兰叶描勾画。不止如此，还有丰满细腻又有弹性的肌体，用细而莹润的铁线描表现；飞举飘扬的蓬松须发，以高古游丝描勾画；力士隆起的肌肉，用钉头鼠尾描表现。

在这不过 2 平方米的画面，多变的线条表现出丰富的质感和意趣，体现了变化中统一完善的造型美，可谓是敦煌壁画的压卷之作。

榆林窟第 4 窟〔元代〕

这座覆斗顶殿堂窟，在主室设一座方形佛坛。佛坛上的塑像是清代作品。

窟内正壁中段中央为 1 铺曼陀罗。南壁东侧绘白度母曼荼罗，西侧画说法图。北壁中央相对的也画曼荼罗，东侧是灵鹫山说法图，西侧绘绿度母曼荼罗。

整座洞窟的内容以汉传密教与藏传密教结合而作，窟门两侧的文殊变与普贤变为汉密内容。有趣的是，正壁的内容虽为藏密，但画面中的人物造型、赋色、线描技法却是兼融藏、汉两种风格。

◎不可错过　灵鹫山说法图　榆林窟第 4 窟北壁东侧

画面正中是两身菩萨斜面相对坐在佛座上，他们的身姿与手印一致。两位菩萨或头戴宝冠或锥形发髻高耸，卷曲螺旋状的长发披于肩头，高鼻俊目，椭圆形的金色头光映衬着华丽的耳铛与发饰。下着短裙，裸露的上身以璎珞、臂钏和环钏装饰，手臂上部还缠绕着两支仰莲，增添了妩媚之态。

菩萨中间装饰高足莲花宝台，台上 3 座小型宝塔，塔上各有一顶华盖。有研究认为是《妙法莲华经·见宝塔品》的内容，该内容通常所见是现在释迦佛与过去多宝佛并坐一处共同说法。或许是受到藏密中佛作菩萨装的影响，此铺壁画以菩萨的形象表现释迦、多宝二佛，与过去的同类题材壁画大不相同。

画面构图简练，背景处重峦叠嶂，烟雾缭绕，造型感独特的山峰间还有不同身形的护法眷属或坐或立。

画中人物皆赋以厚重的青、绿、黑、红等肤色，应是受印度、尼泊尔艺术影响的藏密艺术特征（图 148）。

◎ 不可错过　文殊变上部山水　榆林窟第 4 窟西壁北侧

层叠延绵的青绿色山峰耸峙，高绿下赭的施色细腻入微地表现出自然之美。更妙的是在石青、石绿、赭石中加入了墨的皴法，墨色的加入增强了山体间脉络纹理的走向与山石的质感，更画活了山体的色彩，浓淡相宜又布局得体。青绿

图 148　灵鹫山说法图　榆林窟第 4 窟北壁东侧　元

图 149　文殊变上部山水　榆林窟第 4 窟西壁北侧　唐—民国

山水流行于唐代壁画中，这种皴法的加入是元代山水画的创新（图 149）。

　　峰顶寺院隐现，山间古树参天，其中的留白创新，营造出视觉穿透感，好似是缈缈云气缭绕青绿，又似青绿峰腰从洋洋白云间生出。空间的扩大与意境的幽远，推动于天际而来的萦青缭白直荡漾到人的心底。

榆林窟第 6 窟（唐—民国）

　　这座穹隆顶大像窟是榆林窟唯一的大窟，原建于公元7—8 世纪的唐前期。

　　主室正壁彩塑 24.7 米高的倚坐大佛。佛像面相丰满，颌下有三级纹，身躯雄健，气势恢宏，目前推测是唐代前期的造像。佛像的身光和头光在宋和西夏时期曾做过补绘，到了清代嘉庆年间，又全身彩绘涂金。

　　窟内大部分壁画亦于五代、宋、西夏、元、清和民国时期历次重绘。

　　◎不可错过　供养人画像　榆林窟第 6 窟明窗前室西壁北侧

　　男供养人头戴莲花帽，耳侧垂辫鬓，身穿比肩交领窄袖长袍，脚蹬靴子，盘腿坐于矮榻上。

　　女供养人头戴咕咕冠，冠顶高耸，身穿交领窄袖长袍，以相同的姿势与男像并排对坐在低矮有靠背的床榻上。他们交手于胸前，手中各握一只金刚杵，身后各侍立一位头戴笠帽的人。

　　头戴咕咕冠和身穿大袍是元代蒙古族贵族妇女的流行服

图 150　供养人画像　榆林窟第 6 窟明窗前室西壁北侧　唐—民国

装。从画面中的衣冠服饰来看，画师可能描绘了蒙古王公贵

族礼佛的场景（图 150）。

经典洞窟巡礼

尾声

穿过空气中的尘埃，掠过墙壁上的斑驳，千年的故事怎能用单薄的文字讲述清楚？

一座座洞窟，一尊尊彩塑，一铺铺壁画，一卷卷文书，为我们展开的不仅是佛国世界清净欢愉的场景，更是千年间曾在这片土地上驻留过的人的图画。他们努力生活，用自己的智慧和精神，以力所能及的行动，留下自己的身影。

或大或小、或远或近的背影犹如点点繁星，在历史的浩瀚夜空中闪烁，描成线、连成片，终成一铺呈现古代社会生活的通壁巨制。渺小的我们透过曾被黄沙和漫长时光掩埋与遮蔽的万米长卷，幸运的一睹荒漠传奇再现璀璨。

敦煌石窟，不仅是人类文明进程中的光辉见证，更充满着多种文化交汇凝结的雄伟、浪漫、神秘和华丽，以及历史承传的多元意象。敦煌石窟，珍贵的文化宝库，辉煌灿烂的艺术殿堂，是我们一生不可错过的导引者，带着我们穿梭时空，亲历千年间不同时代人们的精神与生活，见证他们的梦想与追求。

参考文献

1. Paul Pelliot:LES GROTTOES DE TOUEN−HOUANG, Paris:Librairie Paul Geuthner,1921.

2. 敦煌研究院《敦煌莫高窟供养人题记》，文物出版社，1986。

3. 敦煌文物研究所《中国石窟莫高窟》，平凡社、文物出版社，1987。

4. 敦煌研究院《敦煌石窟内容总录》，文物出版社，1996。

5. 马德《敦煌莫高窟史研究》，甘肃教育出版社，1996。

6. 魏同贤、［俄］孟列夫、俄罗斯国立艾尔米塔什博物馆《俄藏敦煌艺术品》，上海古籍出版社，1997。

7. 冯骥才《人类的敦煌》，文化艺术出版社，1997。

8. 敦煌研究院《敦煌石窟艺术莫高窟》全集，江苏凤凰美术出版社，1998。

9. 敦煌研究院《敦煌石窟全集》，商务印书馆，2001。

10. 萧默《敦煌建筑研究》，机械工业出版社，2003。

11. 敦煌研究院《中国美术分类全集·中国敦煌壁画全集》，辽宁美术出版社、天津人民美术出版社，2006。

12. 段文杰《敦煌石窟艺术研究》，甘肃人民出版社，2007。

13. 章鸿钊《石雅》，百花文艺出版社，2010 年。

14.【宋】郭熙著，杨伯编著《林泉高致》，中华书局，2010 年。

13. 敦煌研究院《中国石窟艺术·榆林窟》，江苏凤凰美术出版社，2014。

14. 敦煌研究院《中国石窟艺术·莫高窟》，江苏凤凰美术出版社，2015。

15. 赵声良《敦煌石窟艺术简史》，中国青年出版社，2015。

16. 敦煌研究院《敦煌艺术大辞典》，上海辞书出版社，2019。

17. 宁强《敦煌石窟艺术 社会史与风格学的研究》，文物出版社，2020。

18.【唐】张彦远，俞建华注释《历代名画记》，江苏凤凰美术出版社，2021。

19. 郭浩《中国传统色·敦煌里的色彩美学》，中信出版集团，2022。

20. 樊雪崧《早期敦煌石窟本缘故事图像研究》，南京艺术学院博士论文，2022。